ちくま新書

ルポ 高学歴発達障害

姫野 桂
Himeno Kei

1756

はじめに

「高学歴」というと、優秀で、大企業に就職して、エリートコースに進み、幸せな結婚をして、一軒家や高層タワーマンションを購入し、「人生勝ち組」といったイメージを持つ方もいるだろう。

「学歴なんて関係ない、実力があれば成功できる」と声高に唱える人もいるが、実際のところ、求人の募集要項は大卒以上が多かったり、人気の大手企業はいわゆる「学歴フィルター」で選考のふるいにかけられるところも少なくない。その問題も指摘されてはいるが、まだまだ今の日本は学歴社会であると言える。

そんなエリートイメージのある高学歴の人々の中にも、発達障害の人がいる。国公立大学卒や早慶卒、難関私立大卒といった超高学歴であることも珍しくない。

ここ数年で急激に「発達障害」という言葉が社会に浸透した。そのことによって、「ケアレスミスが多い」「コミュニケーションがうまく取れない」「共感力に乏しい」といったステレオタイプ化した発達障害の特性も広まったと言ってもいい。最初に挙げたような「エリート」のイメージとはそぐわないだろう。一方で、「特定の物事に強いこだわりをもっている」「行動力がある」「創造性がある」といったイメージを抱いている人もいるかもしれない。

発達障害でありながら高学歴になる、つまり受験戦争を勝ち抜くことができた理由に「やることなすこと全て怒られてきたのでせめて勉強を頑張ろうと努力した」という人や「一度集中すると止まらなくなって勉強を極めてしまう」といった人もいる。生活態度は悪いが成績は良かったため、「生意気だ」とクラスから浮いて仲間はずれにされてしまった当事者がいることも知っている。

著者は偏差値的には60そこらの私立大学を卒業しているので超高学歴とは言えないが、発達障害当事者として自身の体験を発信するとともに、多くの当事者に取材を行なってきた。彼らの中には、社会に出た途端、仕事ができずに潰れてしまったという人も少なくない。学生時代まではなんとかやれていたとしても、社会では臨機応変な対応や、本音と建前の使い分けを求められるからだ。

高学歴の発達障害当事者は、「あの人あんないい大学出ているのになんで仕事ができないの？」と嫌味まじりの小言を吐かれることもある。だが、エリートのイメージがあるばかりに、理解が得られにくい。過去に取材してきた当事者の中にも、京都大学を卒業しているのにもかかわらず、金融機関に就職をしたら他の同期が簡単に覚えられる電話のとり方やメモのとり方が何カ月経っても覚えられず、抑うつ状態が悪化して自殺未遂をしてしまうほど悩んでしまった人もいる。

ただし、実際にケアレスミスが多い人もいるが、そうではない慎重派の人もいるし、気を遣いながらコミュニケーションが取れている人もいる。みんながみんな共感力に乏しいわけではないのだ。発達障害の特性は人それぞれであり、すべてがまったく同じ特性を持つ人はいない、100人いたら100通りの障害なのだ。ゆえに、窮状に陥っている人もいれば、障害とうまく付き合いながら社会生活を送り、活躍さえしている人もいる。

本書では実態の見えにくい当事者の声を拾っていくとともに、大学の教壇に立つ側の視点として現役の大学教授に、医療側の視点として精神科医へと取材を行なうほか、大学における学習支援や、就労支援を行なっている企業の取り組みを紹介していく。

※当事者への取材原稿についてはプライバシー保護のため氏名や年齢、事実関係を一部変更している箇所があります。また、取材後ご連絡がつかない方がいらっしゃいました。心当たりのある方は編集部までご連絡ください。

ルポ 高学歴発達障害【目次】

第1章

発達障害とはどのようなものか

†発達障害の主な分類

まずは、発達障害の主な特徴についてあくまで簡単にではあるが、説明したい。発達障害は大きく分けてＡＤＨＤ（注意欠如・多動性障害）、ＡＳＤ（自閉スペクトラム症）、ＬＤ（学習障害）の３つがあり、これらの２種、３種が入り混じっている人がほとんどだ。この３種類にはそれぞれ特徴がある。

まずＡＤＨＤは大きく分けて、不注意の多い不注意優勢型と多動・衝動性の強い衝動性優位型の２種類がある。不注意優勢型は忘れ物や書類の記入ミス、ダブルブッキングといったうっかりミスが多かったり、注意力が散漫になりやすく、会議中なども別のことを考えていることがある。それゆえ「やる気がない人」と勘違いされやすい。多動・衝動性優勢型は計画を立てないままその場の勢いで発言や行動をして周りを振り回してしまったり、どうしても話したくて仕方がなくて他人の発言を遮ってしまったりする。衝動が抑えきれずに順番待ちができずに並んでいる列に割り込んでしまうこともある。

ＡＳＤはコミュニュケーションの困難さや特定分野への極度なこだわりが見られる。コミュニュケーションに関しては、目線を合わせて話せなかったり、言われた言葉の裏を読まずにそのまま受け取ってしまったり、物事をストレートに発言したりしてしまい、「空気の読めない人」と思われてしまう。例えば蒸し暑い部屋で「この部屋、暑いですね」と言われた場合、「窓を明けましょうか？」とか「エアコンをつけましょうか？」と返すところを「そうですね」とその事実の部分だけを受け取ることがある。また、ふくよかな体型の人に対して「太っていますね」と発言して相手を怒らせてしまうこともある。もう一つの特徴である「特定分野への極度なこだわり」については、ある物や場所などの特定の対象に強い執着を見せるだけではなく、それらが変化することを嫌ったり、同じ言葉や行動を繰り返したりする。また興味のあることは徹底的に調べ上げることが挙げられる。例えば、地図や電車の時刻表や図鑑などを全て詳細に記憶している場合がある。新しいことや環境に対して拒否反応を示す傾向がある。

最後にＬＤは、知的な問題はないのに読み書きや計算など特定の能力の習得・活用に困難が伴う障害で、主に読字障害、書字障害、算数障害に分類される。文字を読もうとする際、滲んで見えて読めなかったり、線の多い漢字を覚えられなかったり、ひらがなとカタカナが混ざった文章だと混乱してしまったり、または文章自体は読めるがそれが問題文になるとわからなくなるという人もいる。計算に関しては、指を使わないと計算ができない、筆算をしようとするとズレていってしまう、空間認識がうまくできず立方体が書けないといったことが挙げられる。LDは人によって計算だけできない、読み書きだけできない場合もあれば、その両方ともできない場合もある。

†線引きは曖昧

発達障害の特性は人によってさまざまに異なり、その濃淡もそれぞれに異なる。著者の場合は算数LDの特性が最も強く、二桁以上の繰り上がりのある暗算ができない。子どもの頃は算数の成績がボロボロで中学に上がると数学の学習にも影響をきたしたので、早い段階から数学が受験科目にない私立文系大学への進学を決めていた。次に不注意優勢のADHD特性もあり、優先順位をつけられずにどの仕事から取り組めばいいのか分からず頭がパンクしそうになったり、忘れ物が多かったりする。加えてASDも傾向があると診断されている。

多くの場合、発達障害を診ている精神科や心療内科で、臨床心理士や公認心理師によって検査を受けられる。あまりにも特性が顕著な場合は検査を受けずとも医師が「あなた、発達障害ですね」と診断を下すこともあるが、たいていの場合はWAIS（ウェクスラー式成人知能検査）と呼ばれる知能検査やロールシャッハテストなど、他にもいくつか心理検査を組み合わせて行なわれる。その結果、言語性IQ（言語を利用する知的能力）と動作性IQ（動作による作業で反応する知的能力）の数値差が15以上あると発達障害の診断を下される確率が高い。

高学歴発達障害者の多くは、言語性IQと動作性IQの差の大きさが顕著に現れている。早稲田大学卒のとある当事者は言語性IQと動作性IQの差が40近くも離れていた。そうなると、勉強はできても、誰かに何かを指示されて動くなどといった働くための基礎とも言える部分が難しくなるのだ。発達障害は得意なことと不得意なことの差が大きいということが一番の特徴とも言える。だから、得意なことをやらせると時には健常者よりも遥かに秀でた能力を発揮する場合もあるが、不得意なことをやらせると健常者よりできないことがある。

しかし、障害の特性があってもそれが日常生活や仕事に支障をきたしていなければ障害とみなされなかったりする。また、国によっても発達障害の概念が異なり、特性があってもその国の常識に適応できていれば障害にはならないなど、その線引きは曖昧だ。逆に言えば、例えば思ったことをなんでもストレートに言う文化の欧米や西洋からの帰国子女が日本で同じような発言をした場合、「空気が読めない」「生意気だ」と言われてASDを疑われるケースだってあるのだ。統計的に何割の人が発達障害であるといったデータは取りにくいところがあるが、現在の日本では10人に1人が発達障害の傾向があると発達障害カウンセラーの吉濱ツトム氏は述べている。これは学校の1クラスに3～4人は発達障害傾向のある生徒がいる計算になる。

発達障害は生まれ持った脳の特性である。最近だと幼少時の検診で早めに見つかって療育を受けることもできるが、近年取り沙汰されている「大人の発達障害」とは「大人になるまで見過ごされていた障害」である。決して、大人になって発症する障害ではない（虐待やDVなどで大きなストレスを受けた結果、前頭葉の一部が収縮し、後天的に発達障害に似た特性が出るといったケースもあるが、それはあまりメジャーではない）。ゆえに当事者たちは、例えば授業中に座っていられずに動き回り、毎日のように親や教師に怒られてしまうといったことが何に由来するものかを知らないまま、子どもの頃から友達の輪に入れない違和感や悔しさを抱えてきた人ばかりだ。

なお、発達障害の程度はグラデーション状であるため、「ここから先が発達障害で、ここから先が定型発達（発達障害を持たないこと）」という線引きがない。そのため、発達障害の傾向はあるが発達障害の診断が降りない「グレーゾーン」という層も存在することも知っておいてもらいたい。前著の『発達障害グレーゾーン』（扶桑社新書）にも書いたが、グレーゾーンの人はその特性を隠す傾向があるため、周囲もその人がグレーゾーンであることを知らない場合が多い。グレーゾーンの人がカミングアウトできない理由として、診断が降りていないので説明しづらく、説明をしたところでかえって誤解を生み出してトラブルとなってしまう可能性が挙げられる。

†「発達障害者は天才」という大きな勘違い

トーマス・エジソンやスティーブ・ジョブズなど「歴史的な偉人や著名人が実は発達障害であった」という言説はいろいろとある。そのため、「発達障害は天才」と言われる風潮が一時期あったが、それは誤りである。発達障害者の中には特別な力を持つ人、例えば一度見たものを写真に撮ったかのように隅々まで詳細に覚えているといったサヴァン症候群（障害とは対照的に突出した能力を示すこと）の人がいることは事実だが、それは発達障害者の中でも特別な能力を持っているからこそ注目されているに過ぎない。

また、「発達障害は個性だ」と言われることも多いが、これも当事者自身以外は言うべきではない禁句であるように私は考えている。個性で言いくるめられないから困りごとを抱えたり、苦しんだりしているのだ。発達障害の特性を持っていても仕事やプライベートがうまくいっている当事者のみが「発達障害は個性だ」と言える。周囲の人びと、特に健常者が「発達障害は個性だからさ」と励ましのつもりで放った言葉が当事者たちの首を絞めているのだ。加えて、「ケアレスミスをしやすい」「遅刻してしまう」といった当事者の悩みに対して「そういうことは誰だってあるから気にしないほうが良いよ」といった励ましの言葉も、健常者の物忘れとは次元が違うため、言われたら心を閉ざしてしまう原因になると覚えておいてもらいたい。

†高学歴だからと期待されたのに仕事ができない

さて、このように発達障害の傾向のある人で高学歴の人は「はじめに」でも書いたように、社会に出た途端今までのやり方は通用しなくなって「勉強はできるエリートなのに仕事ができない」という烙印を押されてしまう。

会社での仕事に必要なスキルは大学を含む学校で教わることがほとんどない。高学歴発達障害者が社会に出て初めてぶつかる壁は基本的な事務仕事（電話の応対、メモを取る、スケジューリング）やコミュニケーションだ。

発達障害の一部の人は、脳内にあるワーキングメモリ（作業に必要な情報を、一時的に保存し処理する能力）も小さい傾向にあるといい、聞いた話を一旦脳内でメモするように留めることなくするすると抜けていって忘れてしまう。だから、電話を受けて「●●社の▲▲さんからの電話を営業部の■■さんへ取り次ぐ」といったことも、「あれっ？　●●社の誰からで営業部の誰に繋げば良かったんだったっけ？」と内容の一部を忘れ、パニックを起こしてしまう。

健常者はあまり意識することがないかもしれないが、電話はマルチタスクの代表格といっても過言ではない。まず、かかってきた電話を手で取る、会社名と自分の名を告げる、相手の会社名と名前、要件を聞き取る、それをメモする、内容次第では誰かに取り次ぐ。これらを一度に行なうのだ。マルチタスクが苦手な発達障害者にとっては拷問とも言える。

また、ＡＤＨＤ傾向の強い人はいつも頭の中で何かを考えている傾向があり、会議に出席した際、そのときは話し合われていないことを思いつきで発言してしまうので、仮にそのアイディアがどんなに素晴らしいものであっても「この人は何をトンチンカンなことを言っているんだ？」と白い目で見られてしまう。

社内のコミュニケーションには、その会社によってそれぞれ暗黙のルールがある場合が多い。ＡＳＤ傾向のある人はその暗黙のルールを理解できなかったり、本音と建前がわからなかったり、言われた言葉をそのまま受け取ってしまうことがある。例えば、「ここ、適当に片付けておいて」と言われた際、健常者はある程度綺麗に片付けるも、ＡＳＤ傾向の強い人は言われた通り、本当に適当に片付けてしまう。

これは私の体験談だが、総務部兼経理部で働いていた頃、ある日、社長に来客があったものの、あいにく社長は電話中で、しばらくお客様に待ってもらうこととなった。しかし15分以上経っても電話が終わらない。次第にお客様はそわそわし始め「今日のところは帰ります」と帰ってしまった。後になって、上司から「あの会社の人が来られた場合、社長にメモを渡して電話を終わらせて商談に持っていかないといけません」と指導を受けたのであった。私には来客した会社の人と電話相手の会社の人のどちらを優先すればいいのか分かっていなかったのだ。こうした取引先の優先順位は社内に暗黙知としてしばしば存在するが、具体的に仕事のマニュアルには書かれていない（しかしこれは裏を返すと、ＡＳＤ傾向の強い人には細かいマニュアルを与えれば仕事をしやすくなるとも言える）。

†見た目と学歴と仕事のギャップ

発達障害者の多くは、ＡＤＨＤの特性により落ち着きの無さや、ＡＳＤ特有の視線の合わせ方が不自然な点が目立ったとしても、一見した限りでは発達障害かどうかわからない。本書で取材した高学歴発達障害者の中には、ハキハキと話し頭の回転が早く、「一を聞いて十を知る」とでも言うような、こちらが聞いたこと以上の情報を話してくださる方もいた。こんな人が、しかも高学歴ときたら、仕事でさぞかし優秀な成績を上げるに違いない。普通ならそう思うであろう。しかし現実は、ケアレスミスが多い、やたらと遅刻をする、メモが取れない、指示されたことをしていなかったり、優先順位の低い仕事をしている、仕事中デスクに座っていられない、といった散々な状態になる場合がある。

そうなると、障害者には見えない見た目、高い学歴、そして仕事のできなさに上司を始めとした周囲の健常者は戸惑いを抱えてしまう。中には怒鳴り散らされるようなパワハラを受ける当事者もいる。

先述の通り、発達障害は得意なことと不得意なこととの差が大きいことが一番の特徴だ。ということは、自分の得意な分野の仕事を見つければ問題なく就労できると考えられるが、これがまた難しいのである。例えば検査の結果、言語性の能力が優位だったとしよう。であれば出版関係など言葉を扱う職に就こうとするが、出版社での編集者としての勤務はライターから届いた原稿をチェックするだけではない。取材の際は同行したり、会議や打ち合わせがある際は会議室の予約を取ったり、ライターとの信頼関係を築くためにコミュニケーションを取ったり、経費の精算などといった言葉を扱う以外の仕事も発生する。

以前取材した介護士の当事者は、主な業務である身体介護は問題ないものの、日報を書くことが苦手で、誤字脱字や捺印漏れが発生し、仕事が終わらず残業や休日出勤が増えて二次障害として適応障害を抱えていた。この当事者の場合、人を介護する仕事自体は向いていたが、そこから派生する別の仕事に困難さがあったのだ。そうすると、自分の特性に合った仕事を見つけられたとしても、本業とは別の細かな雑用が発生すると一気に仕事ができなくなってしまうのだ。

また、仕事が続かずに辞めてしまった場合、次の仕事を見つけるために就労移行支援事業所に通うこともあるだろう。これは事業所によって様々ではあるが、商品のラベル貼りといった、良い大学を出たその人にとってはとても簡単で単調で、人によってはプライドが傷つく作業だったりして達成感も得られない。見聞きしたことのある例としては、高学歴ではないがもともとパソコンに詳しい発達障害当事者の知人が就労移行支援事業所に通ったところ、エクセルもワードも問題なく扱え、作業が簡単過ぎてすぐに職を見つけるフェーズに移れたという。もしもこれを、例えば東京大学を卒業した人が受けたとしよう。「自分は東大を出ているのにこんなレベルの低い仕事の練習をしなければならないのか」と、学歴と自分の仕事の能力のギャップに不甲斐なさを感じてつらくなるかもしれない。

†女性当事者ならではの困難

最後に触れておきたいこととして、女性の発達障害当事者に多いのが、いわゆる「ガールズトーク」が苦手であるという点だ。お昼に女子社員そろってランチに行くのが苦痛だという人は少なくない。以前取材したASDの女性当事者は、同僚にランチに誘われた際「私はひとりで食べるから」と断ったところ、それ以降仲間はずれにされるようになり、社内で孤立してしまったそうだ。次第に彼女の心は悲鳴を上げ退職するが、3カ月以上続いたことがなく転職を繰り返していた。

私も向いていなかった事務職会社員をしていた頃は、ひとりでデスクでお弁当を食べていた。昼休みくらいひとりになりたかったからだ。幸い、他の同僚や先輩も昼休みは昼寝やゲームをしたかったらしく、その点においては助かった。

オチや中身のないことが多いガールズトークはASD女性にとって苦痛なのだ。ただし、ASD傾向のある女性はいつでもひとりでいたいわけではなく、一匹狼になりたいわけでもない。なぜ中身のない会話をしなければいけないのかという疑問を彼女たちは抱いてしまうが、しかしそれを避けているとだんだんと孤立していってしまう。ASD女性は孤独を求めているわけではない。孤独は発達障害と関係なく、心を蝕む原因となり得る。

コミュニケーションにおいて、学生時代までは嫌な人とは付き合わなければいいが、仕事となるとそうとはいかない。組織において求められる様々なことは発達障害者にとって「無理ゲー」（クリアするのが困難なゲーム）の連続なのだ。ましてや高学歴となると、今まで勉強ができれば良かった世界から真逆の世界に放り出された状態となり、精神的に苦痛を伴う。そして、意地の悪い人たちからは「あの人はエリートなのに仕事ができない」と小言を言われるのだ。次の章からは、そんな「エリートなのに仕事ができない」高学歴発達障害者の現状を紹介していきたい。

第2章

高学歴発達障害が抱える不条理

理解を得られずすべり落ちていく
大石幸太郎さん（26歳）早稲田大学政治経済学部卒業

†自然な流れで早稲田の政治経済学部へ

小学校から高校までの通知表と病院の診断結果の書類を大量に持参して現れた大石幸太郎さん。彼は早稲田大学の中でも超難関と言われている政治経済学部卒だ。早稲田大学へ進学したのは家族全員早稲田卒だったことと、幼い頃に早稲田大学の近所に住んでいたため、自然な流れだったという。高校はそれなりの進学校にも通っていた。

見せてくれた大量の通知表は限られた取材時間の間では全てを端から端まで目を通すことができないほどだったが、記述からは小学校時代は生活面で整理整頓ができなかったことや、中高以降は文系科目が得意で数学が苦手だったことが読み取れた。

「本当は政経じゃなくて文化構想学部に行きたかったんです。だけど落ちちゃったので消去法で政経（政治経済学部）に入りました。でも、政経って数学をゴリゴリにやる学部だったので、最初の2年間は地獄でした。だから、出席点などで頑張ってなんとか留年を免れてストレートで卒業しました」

数学の勉強には苦しんだ大石さんだったが、大学時代が最も輝いていた時期だったとも語った。彼は幼い頃から人付き合いが苦手な面があったが、大学で入ったマンガのサークルで人との付き合い方を学ぶことができ、楽しくなったという。また、必修の数学の単位を取ってしまってからは好きに授業を組めたので、心理的にも楽になれた。彼は「早稲田以外だったら卒業できなかった」とも強調する。

「まず、数学ができないので国公立受験が無理なんです。あと、僕自身は卒論を書いたのですが、政経は卒論を書かなくても単位さえ取れていれば卒業できます。昔から文章を書くのは得意だったので、凸（得意）の部分が偶然一致していたことで早稲田の政経では過ごせたのだと思います」

†「あなたは早稲田大学を出ているんだから発達障害とは違う」

彼は就活では出版社を希望していた。しかし、出版社の就活は選考試験が少し特殊だったりと、準備不足で大手への入社は叶わなかった。結果としてウェブがメインコンテンツの小さな出版社に入ることができた。だが、マルチタスクやスケジュール管理、コミュニケーションがうまくいかず、とにかく忘れ物が多い、言われたことをすぐ忘れてしまうのだ。1作品だけを担当してすぐに退職してしまった。

次に事務の仕事に就くが、ここでもシフト表を読み間違えたりとミスを連発。グラフと表を見るのが特に苦手で、扱っているうちに表の列や行がズレていってしまうのだという。同僚には早稲田卒であることは知られていたので、「なんだこいつは」と思われていたのではないか、と大石さんは感じていた。

1社目でも2社目でもうまくいかない。これはおかしい。発達障害かもしれないと思い至った大石さんは大手メンタルクリニックを受診した。しかし、そのクリニックは発達障害の診察に精通していなかったようで、生育歴の聞き取りの際に「あなたは早稲田大学を出ているんだから発達障害とは違う。甘えているだけ」と突っぱねられてしまった。

発達障害を専門としていないクリニックに行ってしまったがために「あなたは大学を卒業できているので違う」「車の運転ができているので違う」と言われたという当事者をこれまでにも見たことがある。精神科医でもまだ、発達障害の十分な知識がない医師がいるということだ。中には「発達障害は親の愛情不足」「発達障害は食事療法で治る」などと言ってしまう人までいる。

また、発達障害特性はあってもその程度にはグラデーションがあり、医師によっては診断を下さない「グレーゾーン」の場合がある。そのため、発達障害の診断を得るためにクリニックを渡り歩いて診断を得る人もいる。

†精神障害者雇用の現実

大石さんは別の病院を受診し、発達障害の診断を受けた。そして精神障害者保健福祉手帳3級を取得し、現在は障害者雇用のアルバイトとして清掃の仕事に就いている。

この仕事は必要以上に他人とコミュニケーションを取ることもない。

しかし、この障害者雇用に関して家族の理解は薄い。父親からはまず発達障害を理解してもらえず「甘えるな」とも言われている。障害者雇用は身体障害者雇用と精神障害者雇用に分かれており、発達障害は精神障害者雇用に含まれる。

そして精神障害者雇用の場合、身体障害者と比べて著しく給与が低い。厚生労働省の「平成30年度障害者雇用実態調査」によれば、平均賃金は身体障害者は21万5000円であるのに対して精神障害者は12万5000円（発達障害者は12万7000円）と開きがある。雇用形態では身体障害者は52・5%に対して精神障害者は25・5%（発達障害者は22・7%）が正社員となっている。

なお、障害者手帳を持っている場合は障害者雇用の求人にしか応募できないというわけではなく、一般求人と障害者雇用の求人の両方に応募することができる。障害者雇用であれば、入社の際に障害に関する相互理解を図ることで障害に配慮された働き方がしやすくなり、結果として定着率も変わってくる。しかし給与などの待遇に差はつく。

大石さんの今の手取りは15万円ほどで、実家から通っているから生活できているものの、ひとり暮らしだったら到底やっていけない額だ。

「早稲田卒で清掃の仕事をやっているなんて当然現場の人は知らないので、軽度知的障害だと思われているようです。子どもに対するような態度をとられたり、本来なら自分ができる仕事まで横取りされてしまって、地味に傷ついています。配慮は求めているんですけど、でもその配慮が苦痛になっているんです。健常者として25年生きてきて早稲田を卒業したプライドもあるので……」

望ましい配慮は、発達障害の人の得意な仕事をやらせ、苦手な仕事はフォローをすることだが、配慮をしたつもりでもそれがときには差別に繋がっている場合もあるのだ。障害者雇用枠で働く人への配慮は難しいものがある。

†福祉の滑り台

大石さんは「福祉の滑り台」があると語る。まず、この障害を家族から理解されていない。そして、医療でも最初にかかったクリニックのように受け入れてもらえないところがある。大石さんは精神障害者保健福祉手帳3級だ。例えば東京都の場合、2級だと都営住宅の特別減税や生活保護の障害者加算などが適用されるが、3級の場合は受けられる支援が限られている。

「家族、医療、行政に突っぱねられてしまうと引きこもるか自殺するしかない」と大石さんは嘆く。

「発達障害についてこれだけ認知が進んでいるのに、早期発見するためのシステムを作ろうとしていないところに疑問を感じます。僕が知らないだけで早期発見のための努力をしているのかもしれませんが、それが見えてきません。特にグレーゾーンの人は苦しんでいる人がたくさんいます。それなのに年金も充実していないし仕事に就くことも難しいし、サポートもしてくれない。

僕は普通の事務的な仕事ができないから、今の清掃の仕事をやっています。そうやって発達障害者自ら、自分にできる仕事を手探りで見つけないといけない状況です。誰か支援して一緒に仕事を探してくれる人がいないと、どん詰まりで死んでいくしかありません」

本来なら、多くの高学歴の人は大手の会社に入りそのままエリート道を進んでいく。しかし、大石さんは高学歴ながらも発達障害の特性の影響でその道を進めず、今は停滞している状況だ。

障害者の法定雇用率は2021年3月以降、それまでの2・2%から0・1%引き上げた2・3%になり、従業員を43・5人以上雇用している事業主は障害者を1人以上雇用しなければならないことになっている。この法定雇用率が上がったからこそ、障害者雇用、特に発達障害者を雇用する際の待遇についても行政、そして企業がもっと力を入れていくべきなのではないだろうか。誰もが職業を通じた社会参加のできる「共生社会」を実現するという理念に基づいた障害者雇用が、当事者にとってよりよい形が一刻も早く模索されていくことが望まれる。

同級生と比べて落ち込んでしまう

村上優子さん（30歳）大阪大学外国語学部卒業

†周りの子たちは内定が出るのに

村上優子さんは大阪大学を卒業し、現在は某通信会社で障害者雇用の契約社員として働いている。小さい頃から成績は良かったが、勉強するのが好きだからというより父親から怒られたくないため、褒めてもらうためにそうしていたという。幼い頃から忘れ物が多かったりガールズトークになじめなかったりと、ＡＤＨＤ・ＡＳＤの傾向が出ていた。

大学生活はうまくやれていたが、先ほど紹介した大石幸太郎さん同様、村上さんも就職活動で苦労することになる。広告代理店で企画営業の職に就きたいと考えていた彼女は大手から順に受けていった。しかし、面接で緊張してまったく話せなかったり、事前に考えていた回答が飛んでしまうときもあった。また、予期せぬ質問がくるとうまく答えられなかった。就活は自分をよりよくアピールしないといけなかったり、ときには本音と建前を使い分けなければならないことがある。本書で取材してきた当事者のほとんどが就活でつまずいていることからも、こうした就活テクニックと発達障害の特性は非常に相性が悪いのだと考えられる。

「周りの子たちは阪大というネームバリューからトントン拍子で内定が出ている中、自分だけ夏頃までずっと就活を続けていて。それプラス卒論の準備もあったので、両立ができなくて大変でした。いわゆるマルチタスクができなかったんです。結局内定が出たのは中小の印刷関係の会社でした」

†言葉をそのまま受け止めてしまい余計に怒られる

この会社の人間関係が、村上さんを苦しめることになる。まず、気分に波のあるベテランの女性がいた。村上さんにはＡＤＨＤのほか、言われたことを言葉のままに受け取ってしまうＡＳＤの特性もあった。そのため、そのベテランの女性とコミュニケーションをうまく取れないことが続いた。

「どうしてもケアレスミスが多く、そのたびにベテランの女性に怒られていました。そんなある日、ミスで怒られている最中「もう顔も見たくない」と言われたので「そうですか。わかりました」と、自分のデスクに戻ったら後から内線がかかってきて「今みたいなときは引き下がるところじゃないでしょ」と言われてしまい……」

教師から「もうお前は帰れ！」と怒られて本当に家に帰ってしまう小中学生のようだ。「帰れ」と言われたから帰ったという経験のある人は、思春期の場合は単に反抗しているケースが多いだろうが、中にはＡＳＤの特性からそのような行動を取ってしまった人もいるのかもしれない。

他にもベテランの女性からは「あなたは勉強はできるけど社会ではやっていけないね」「今までどういう教育を受けてきたの？」といった人格否定的なことを言われた。阪大卒を背負っているぶん、ミスをしたときの相手の落胆は大きい。こうしたプレッシャーに加えて給与も少ないといった理由から、村上さんは3年間働いたのちにこの会社を退職する。

2社目は専門学校の事務職についた。そこでは学生や保護者への対応や、オープンキャンパスの準備など、やらないといけない仕事が大量にあった。特に保護者からのクレーム対応には臨機応変な対応が取れず、つい電話を切ってしまうこともあった。オープンキャンパスも頻繁に行なわれたが、参加人数が少なかったりすると当初予定していたスケジュールとは違う対応を取らねばならなかった。自分の中で整理していた段取りが変わってしまうとパニックになり、心療内科を受診することにした。そして医師より「発達障害かもしれない」と告げられ検査を受けると不注意優勢のADHDの診断が下された。

†同級生と自分を比べてしまう

この2つめの職場でも、遠回しな表現が分からずコミュニケーションの齟齬が起きたことがあった。

「職場の人たちは基本的にみんないい人ばかりで私を責める人はいませんでした。そしてお昼休みは交代制で、私はいつも早い時間にお昼に行かせてもらっていました。

ところがある日、上司が「僕、今日13時から会議だわ」と言ってきて、私はそれをただの報告だと思って、いつもと同じ時間に昼休みを取りました。でも後から別の人に聞いたら、「あれ、村上さんが先にお昼に行くのではなくて、〈会議があるから僕に譲ってほしい〉という意味だよ」と言われまして……。そうか、普通の人にとってあの言い回しはそういう意味になるのかと」

ふたたび転職した村上さんは現在、冒頭に述べた通信会社で障害者雇用にて経理担当として働いている。残業をしなくてよかったり、困りごとが発生した際はすぐに誰かにフォローを頼めたり、マルチタスクでパニックにならないように段階的に仕事を振ってくれたりと、合理的配慮がなされているという。しかし給与は安く、年収は320万円程度だ。ただ、今までの会社もどちらかというとブラック寄りでもともと給与が少なかったので、経済的な面ではそこまで変わらないとも語る。

「今は結婚しているので夫と二馬力（共働き）で生活できている感じです。でも、同級生のSNSを見ると、今の私の給与ではとてもじゃないけど体験できないような趣味にお金を使っていたり、長期休暇の際はヨーロッパ旅行に行っている様子がアップされていて、同じ学歴なのに……と勝手にコンプレックスを感じて落ち込むことがあります。また、意地悪な同級生に会った際は「君の会社は資本金いくら?」と訊かれたこともありました」

経理の仕事においては会社によっては簿記の資格を取ると手当がつく場合もある。学生時代に猛勉強して阪大に受かったときのように簿記の資格を取らないのかと聞くと、「褒められないと勉強ができない」という答えが帰ってきた。村上さんは発達障害の苦しみも負っているが、父親との関係性も複雑であるように思える。

「父親が厳しかったので、大学受験のときも試験で良い成績をとって良い大学に入れば親も喜んでくれるかなと思っていたんです。でも今、簿記の勉強をしても褒めてくれる人はいません。モチベーションが上がらないんです」

難関国立大学である阪大を卒業してもエリートになれない。そしてつい、定型発達で、うまくいっているように見える同期と自分を比べてしまう。「阪大卒」という本来なら喜ぶべき事実が、彼女を生きづらくさせているのだ。

人としての〝合格ライン〟が上がってしまう感じ
石川真里さん（28歳）東京大学法学部卒業、公共政策大学院修了

†取り繕えないことが面接で功を奏す

「席におとなしく座っていられず、ぐるぐる辺りを歩き回ってしまうので「キモい」と、中高時代はいじめられていました。あと、衝動的にバーっと喋ってしまうので、それでコミュニケーションもうまく取れず、「ウザい」と言われていました。でも、私の中ではただ動き回っていたのではなく、歩き回ったり何時間もブランコに乗ったりしながら空想の世界にいたんです」

そう語るのは東京大学卒（公共政策大学院の修士卒）の石川真里さんだ。いじめられてはいたが、勉強ができることが救いで不登校に陥ることはなかった。私立の中高一貫校で、中学1年の最初のテストで上位に入り「うちの学校でこの成績だったら東大

に行ける」と教師に言われ、東大を目指すことにした。

その言葉通り、彼女はストレートで東大に合格する。東大で過ごした期間が彼女にとっては「一番楽で落ち着いていた」と語った。ただ、入部した読書サークルでは感情の起伏がコントロールできず、泣いてしまうこともあったという。この感情のコントロールの苦手さは社会人になってからも続いた。

石川さんは東京大学を大学院の修士まで卒業し、外資系の一流コンサルティング企業に就職した。彼女は実は学部時代にマスコミ系の会社をいくつか受けていたが、どこも面接で落ちてしまった。「あなたはどんな人間ですか？」と面接官に訊かれた際に「変わっていると言われます」と答え、「どう変わっているのですか？」と訊かれると「それは見ればわかりませんか？」と屁理屈のように返してしまっていたのだ。こうした感情を排したような受け答えはマスコミ系では通用しなかったが、フラットに物事を考えることを重要視する外資系のコンサル系企業の面接ではかえってウケたのだという。

こうして、ASD特有の思考のおかげで多くの発達障害者が苦しむ就活をすり抜けることができた。内定が出たその会社には東大卒や京大卒、慶應卒など高学歴の社員が勢ぞろいしていた。

しかし、入社してからが地獄の日々だった。うっかりミスが多発する。主に書類仕事でケアレスミスが多かった。パワーポイントの資料のミスを修正する際、1箇所を修正したら別の箇所の修正を忘れてしまうのだ。

面談中に感情が高ぶって泣いてしまうこともあった。また、正義感が強い面があるため、おかしいと思ったら誰の前でも「これはおかしい」と言ってしまうことから、空気が読めない存在として扱われてしまった。これはADHDの衝動性とASDの疑問に思ったことを突き止めようとこだわる特性が作用しているように考えられる。

†会社を実質クビに

なかなかうまくいかず、労働時間も長く、辞めたい気持ちが募っていく。感情のコントロールができずにつらくて泣いてしまうことが増えていった。

このとき石川さんはADHDを疑い、医療機関を受診する。鬱傾向も出ていたため、鬱状態のせいでミスが多いのか、ADHDのせいでミスが多いのかを確かめたい気持ちもあったという。診察の結果、ADHDの診断が降りた。

発達障害の診断が降りると「ほっとした」「納得がいった」と感じる当事者も多い中、石川さんは「自分はみんなと違うのだ」とショックを受けたと語っている。彼女は、自分が他の人と違うこと、マイノリティであることをネガティブに捉えていたようだ。

彼女が勤めていた会社では芳しくない成績の社員は指導対象となり、次の評定時に再度悪い成績を取ると、指導を続けるか半年後に契約を終えるかを決める査定を受けることになっていた。結局のところ、石川さんは2年弱で実質的にクビになってしまうこととなる。ミスの連発が失職を招いてしまったのだ。

†言われないと行動ができない

2社目の会社もASDの特性を活かせるコンサル業を選んだ。人事系の課題解決を得意とするファームだ。

「でも、ここでもミスが多いのと、言われないと行動できませんでした。推測ができないんです。例えば、会議が決まったら会議室を予約するとか、そういう基本的なことができない。「会議室取っておいてね」と言われればできるのですが、次回また会議が決まったときに会議室を取ることができませんでした。今回は「会議室取ってね」と言われなかったから取らなくてもいいんだろうと思ってしまうんです。他にも、別の人が話している最中につい被せて話してしまって、気を付けないといけないと思うことがありました」

現在、石川さんはADHDの症状を改善する薬であるストラテラとコンサータを飲んでいる。薬を飲み始めてから多少落ち着きが見られ、疲れやすさもなくなった。それまではコントロールができない霧の中でジェットコースターに乗っているような感覚だったのが、霧が晴れてスピードも調整できる車に乗っているような感覚に変わったという。しかし、やはりケアレスミスは時折やってしまう。

仕事の方は現在出向中だ。ADHDであることを上司にカミングアウトすると「改善の余地はあるの?」と言われた。発達障害は治ることはないが、薬で若干特性が抑えられたり、ライフハックなど工夫をすればうまく適応することはできる。だが、認知度が上がっているとはいえ、まだまだ知らない人は知らない。結果として出向先に飛ばされてしまったのだ。また、コロナ禍であるため在宅勤務となっている。

「出向したタイミングが新型コロナウイルスの流行りだしたタイミングだったので、出向先の人と対面で会ったことがほとんどないんです。だから、人間関係が築きづらいところがあります。あと、これは発達障害に限らないと思うのですが、在宅勤務だと誰かに見られている緊張感がないのでオン・オフの切り替えが難しく、グズグズと遊んでしまうこともあって……。

でも、在宅勤務のメリットもあります。対面の仕事だと空気を読んで動かないといけないところがありますが、リモートだとチャットなどで明文化したコミュニケーションが取られます。それが私からすると、ようやくみんなと同じ位置に立てた感じがして、ありがたいです」

発達障害の人、特にＡＳＤ傾向の強い人はマニュアルがあると仕事をしやすいと言われている。ＡＳＤがある知人は、いろいろな仕事を転々としてきたが、一番長く続いたのが、完璧にマニュアル化されているマクドナルドでのアルバイトだったそうだ。つまり、文字にして視覚化することで、発達障害傾向のある人は次にやるべき仕事にスムーズに取り組めるのだ。

†「ようやくみんなと同じ位置に立てた感じ」

石川さんの言う「ようやくみんなと同じ位置に立てた感じ」という表現は、「東大卒」の人に言われると「いや、あなたは日本一の大学を卒業している優秀な人じゃないですか」と感じられてしまうかもしれないが、勉強ができることと仕事の段取りやコミュニケーションがうまくいくかどうかは違うということだ。

「東大時代の友人は官僚になったり弁護士になったりしている人がいます。そんな友人たちに会うと、みんなキラキラしながら仕事の話をしていて、意識が高くてついていけないないなと思ってしまいます。そして、自分のうしろめたさを感じます。みんなには1社目の一流企業をクビになったことを言っていないし、発達障害で困っていることも話せません」

しかも、東大時代の同期はみんなどんどん給料が上がっていっている。対して石川さんは新卒の頃と変わらないどころか、年収にして150万円ほど下がってしまっているという。現在の会社でも何度か降格させられており、今後一生給料が上がらないのではないかという不安も抱えている。

最後に、石川さんに東大卒であることを〝損〟に思ったことはあるか聞いてみた。

「それはあります。やはりハードルを上げられてしまうので、「東大卒だったら何でもできるだろう」というような感じで〝合格ライン〟が上がってしまう感じがあるんです。だから、なるべく隠しておくほうが得だなと思います。

ただ、自分が東大に入れたという経験は誇りに思いたいし、東大は自分にとても合っている場所だったので、それはすごく良かったなと思っています」

石川さんにはもっと輝ける場所があるように思う。学歴だけがすべてではないが、せめて東大卒という称号が働くうえで〝損〟であってほしくない。

よりうまく生きていくための居場所

湯浅智昭さん（29歳）早稲田大学国際教養学部卒業

†面接官の望む回答ができない

かつては東京の物流系の会社に勤めていたが、現在は四国の地方都市でメーカー勤務をしている湯浅智昭さん。彼は自分が高学歴であるという認識は薄いという。「文系だったから（苦手科目の試験がなく）、ちょっといい大学に入れただけ」と語っていた。

彼は早稲田大学国際教養学部を卒業している。この学部は英語で行なわれる授業など、国際社会で広く活躍できる人材を輩出することを目的とした教育に特化しており、海外からの留学生や留学経験者、帰国子女が多いことでも知られている。

「小さい頃は内気な性格でしたが、それなりに友達はいました。でも、スポーツはあまり得意ではありませんでした。勉強は文系科目が得意で、理数系は苦手でした」

発達障害の傾向がある人はチームワークが重要な競技が苦手だったり、つま先歩きのような独特な歩き方をしていることがあるため、それがスポーツに影響を与えることも多い。そのような理由から湯浅さんがスポーツが苦手だった可能性もある。中学時代は走ったり球を追いかけたりするわけではない弓道部、高校時代は文芸部と新聞部を掛け持ちしていたという。

湯浅さんが早稲田大学への進学を決めたのは友人と同じ大学に進学したいという理由だった。

「仲の良い友だちが一足先に推薦で早稲田に合格していたので、自分も追いかけることにしました。でも、当時は国際教養学部に必要な英語力が足りず、一浪しながら英語圏に短期留学をして英語力をつけ、無事早稲田に合格しました」

入学後はアニメのサークルに入り、気の合う仲間たちと楽しいキャンパスライフを送っていた。そして、月日は流れ、就職活動の季節がやってきた。湯浅さんは思う存分学んできた英語を活かせる職に就こうと意気込みながら、貿易系の会社を多く受けた。しかし、書類選考は通っても面接でうまくいかず、不採用の嵐が吹きすさぶ。面接官から「会社に入ったら何がしたいの?」と訊かれた際、当時は自分の中でこだわりがあり、「興味のある仕事だけがしたい」という思いが溢れ、それが面接官に伝わってしまっていたことが原因だったと彼は推測している。

†自分を必要以上によく見せようとするのが苦手

湯浅さんは当時診断が降りていなかったが、それでもなんとなく発達障害の特性である「得意・不得意に差がある」ということを理解しており、それで「自分の得意な仕事をしたい」と面接で話したのではないだろうか。本人にとっては素直に誠実に話した内容であっても、面接官の望む回答ではなかったのだろう。健常者であれば、「なぜうちの会社を第一志望にしたのですか?」と聞かれた際、「御社の理念に感銘を受けまして……」など、用意されたような優等生な回答をする。

これは私の体験談だが、同じような質問をされた際に、正直に「福利厚生が良かったからです」と答えたことがある。健常者も本音は「給与がいいから」とか「大手で安心だから」などと思っているはずだが、決して面接官の前ではそんなそぶりを見せない。

また、発達障害特性のある人は自分を必要以上によく見せようとするのが苦手だ。私の高校の頃の部活（陸上部）の先輩で、大手企業に内定が出た人がいる。その先輩は勉強もスポーツもできて優秀な人で、発達障害の傾向は特に見当たらない定型発達の人だった。そしてその先輩は陸上部で副部長だったにもかかわらず、就活の面接では「部長も副部長もそう変わらない」といった彼なりの思考から「中高時代は陸上部の部長としてみんなをまとめました」などと嘘を言って内定を勝ち取ったのだ（もちろんこの部長エピソードだけが内定の決め手ではないと思うが。大人になってから陸上部のメンバーで集まるたびに「こいつ嘘つきやがった」と、本物の部長からネタにされている）。

これらの、定型発達の人はできて発達障害の人はできない、就活面接特有の本音と建前を分けられない、盛った話が苦手といったところから、発達障害者は就活で苦労する場面が多い。たとえ高学歴というアドバンテージがあっても同じ学歴の定型発達の就活生と比べられればその差は顕著であろう。

†北関東での研修

ところで、東京で就活をしていた湯浅さんだが、出身は関西地方だ。そして現在は自らの希望により地方都市で就職している。新卒の時点でUターン就職をする気はなかったのだろうか。その問いに対しては「大学時代の仲間も東京にいるし、当時は東京に住んでいることにステータスを感じていた面もあり東京を離れたくなかった」と答えている。

以前、雑誌記事のためにUターン就職について取材をしたことがある。東京の大学に進学して新卒でUターン就職をする人は一般的に少ない。地方都市は職自体が少ないというのが主な理由だった。また地方では、有名大学を卒業していることよりも仕事に役立つ資格を持っていることのほうが有利となる場合が多い。

これは発達障害ではなく精神障害のある友人の話だが、東京でのひとり暮らしの勤務がしんどくなり（手取りは18万だった）地元に中途でUターン就職した。その友人はMARCHの大学を出て、語学も堪能だった。しかし友人が地元企業の就職試験を受けた際、「こんな優秀な子、うちでは雇えないよ」と、学歴が「逆足切り」を引き起こしたのだ。その後、職業訓練校に通い、事務の資格を取ると別の企業から内定が出た。他にもUターンした有名大学卒の友人たちはみな、一度職業訓練校に通って何らかの資格を取って就職をしている。このように、地方での就活は学歴が却って困難さを生み出すこともある。

「新卒での就活は散々な結果で、結局内定が出たのはとある物流系の会社でした。でも、最初の1カ月で入社したことを後悔しました。入社して半年間は北関東にある現場に研修に行かないといけなかったんです。まずは現場を知ってくれと。

その工場には中卒の人や元暴走族のような人たちがいて、とにかく人間関係が濃密でした。お互いのことを監視し合って陰口ばかり言っているような……。でも、陰口を言っているわりには「休みの日は何をしているのか」とプライベートを引き出そうとしたり、頻繁に飲み会をしたがっていました。そんな中に突然放り込まれてどうしたらいいのかわかりませんでした。

現場の人たちからは「大卒なのにこんなこともできないのか」と、散々言われていましたね。東京の本部にいる人たちはわりと高学歴が多かったのでそんなことを言われたことはなかったのですが……」

†東京に戻るとさらなる地獄が待っていた

現場で同期はふたりだけだった。しかし、同期のひとりは1カ月ほどで精神的に病んでしまい、診断書をすぐに出していなくなった。結果、湯浅さんひとりで現場での仕事に徹することになった。湯浅さんもだいぶ精神的に無理していたが、半年間と決められていた期間なので頑張ることができたという。

そして半年後、ようやく現場での研修が終わり、東京の本社に戻ることとなった。東京に帰ってきた喜びを噛み締めていたのも束の間、本当の地獄はこれからだった。

「まず、電話対応が全然できませんでした。また、上司から聞いたことをすぐに忘れてしまうといった典型的な注意散漫でした。電話で話そうとすると、声は耳に入ってきているはずなのに、相手の話の内容が理解できないんです。だから、誰かに取り次ぐときも「●●さんからです。要件は▲▲です」と伝えようとするのですが、内容はトンチンカンでした」

発達障害の傾向のある人の一部にはＡＰＤ（聴覚処理障害）を併存している人も少なくない。これは、相手の声はきちんと聞こえているのに内容が聞き取れなかったり理解できなかったりする障害だ。この点について湯浅さんは確定的な診断を受けていないものの、ＡＰＤの傾向があるように見受けられる。

ＡＰＤに限らず、発達障害の傾向のある人は聴覚過敏気味の人が少なくない。例えば、喫茶店で人と話しているのに、周りの客の話や食器の音などが入り込んできてしまって、相手の話が頭に入ってこなくなったりする。職場で言えば、他の人の電話の声やキーボードを叩く音などが邪魔をして上司などの話をなかなか聞けない状態に陥ることがある。本来ならこういった無関係な音は脳が自動的にシャットダウンするようになっているが、発達障害の人はそうではない場合がある。

聴覚過敏のほかにも、あらゆるものに目がいって気が散ってしまったり、定型発達の人には平気な電灯の光が目を開けられないほど眩しく感じるといった視覚過敏、特定の素材の生地の服が痛かったり痒かったりして物事に集中できない接触過敏などもある。コロナ禍においては、接触過敏でマスクをつけられないために、発達障害当事者の中学生が考案した「通常のマスクの代わりに扇子型のマスクで口元を隠して飛散防止をする」といった工夫がメディアで話題になったこともある（「せんすマスク」として商品化もされた）。

湯浅さんの仕事上での悩みは電話の他にもあった。彼は東京の本社では経理部に配属となったのだ。湯浅さんの当初の希望は英語を扱う貿易関係の部署だった。しかし、希望は通らず単純作業のバックオフィスで働くことになった。だが、経理関係の資料を作る際、数値の誤りに気づけなかった。文字や文章の誤りには気づけたという。ここにも得意なことと不得意なことの差が大きい特性が現れている。

「資料の数字を見ても内容が浮かばないんです。例えば「交際費」という項目があり、そこに数字が入っていて、それが大きい金額だったら「何をしたんだろう？」と疑問に思うはずなのですが、当時の僕は何も思わず、桁が間違えていようがミスを見逃してしまっていました」

私も会社員時代は経理を担当していたので、こうしたミスについては痛いほど共感するものがある。数字が並んだ資料を見ても理解できないことが多いため、定規を使って情報を隠して、視覚的に他の数字と混同してしまわないよう工夫していたが、それでもミスを起こしていた。0の数を間違え、ありえないくらいの桁になっていても気づかず、何度検算しても合わないことが日常茶飯だった。

†診断を機に地方での転職を決意

あまりにも仕事がうまくいかない日々が続く。湯浅さんは発達障害を疑い医療機関を受診するとADHDの診断が下された。それまでうまくいかなかったり怒られていたりしたのは障害のせいだったのだと精神的に楽になったという。

診断と共に薬も処方された。飲むとパフォーマンスが劇的に上がり、周りから褒められることも増えた。それから半年後、湯浅さんは丸3年務めた会社を退職した。

「薬の服用でパフォーマンスが上がったことで、これだったら今の環境にこだわらず、むしろ環境を変えてそこで一気に特性を改善していったらいいのではないかと思いました。それで、とにかく東京から出よう、東京でなければどこでもいいと、名古屋や大阪など、東京以外の場所で転職活動をしました。東京を出たくて仕方なかったんです」

発達障害の傾向のある人は引っ越しのような大きな環境の変化を嫌う人も少なくないが、一方で、多動の勢いで大きな決断をくだすこともある。湯浅さんは英語力を活かせる会社ではなく、メーカーの、しかも経理職をあたることとなる。

「あんなにミスの多かった経理ですが、既に愛着を持ってしまい、今後も経理で食べていこうと思いました。物流の経理ってかなり特殊なんです。普通の工業簿記とかは使いません。日本自体がものづくり大国として工業が中心となっているので、メーカーの経理をもっと極めようと転職先は絞っていました」

縁もゆかりも無い土地だった四国のメーカーから内定が出て、移住をした。転職して2年が経ち、薬の服用も続け、今はうまく働けているという。同じ地方勤務でも、前職の研修で現場にいた頃とは全く異なり、地域の人たちは余計な干渉はしてこない。今住んでいる場所が働きやすく、自分に合っていると語る。

「病院に行って診断と薬をもらって、自分の人生を考え直して転居できたというのはかなり幸運なことだと思います。東京にいた頃の働き方は、終電ギリギリまで働くとか、そうでなくても飲み会の二次会、三次会で終電間際だったり、とにかく夜遅くまで会社の人と一緒にいなきゃいけない環境だったんです。でも、田舎に行けば車社会なんで飲み会自体少ないし、みんな早く家に帰りたがる。

他にも東京時代は精神的にやられていて、強い音や光に敏感になってしまったり、誰かが怒られていると自分が怒られていると錯覚を起こしてしまったりしていました。ちょっとした都会ノイローゼになっていた気がします」

診断を機に自分の居場所を変えた彼は、英語を扱う仕事をしたいという夢よりも、よりうまく生きていくために地方での仕事を選んだ。何かにしがみついて生きていく方法もあるが、少し視点を変えると自分にとって生きやすい道が見えてくるのかもしれない。

脚本家になって同級生たちの態度が一変
前園佳奈さん（33歳）慶應義塾大学文学部卒業

†将来を見据えて進学したものの就活で挫折

「すみません、忘れ物を3回もしちゃったので15分ほど遅れます」

約束していた時間にSNSのダイレクトメッセージが届いた。しばらくして繁華街の喫茶店に現れた前園佳奈さんは、可愛らしい黒のワンピースが似合う女性だった。一度目は鍵をかけ忘れて戻り、二度目は傘を忘れて取りに戻り（取材当日は雨だった）、三度目は感染症対策のマスクを着けるのを忘れて戻ったのだという。

慶應義塾大学を卒業している彼女は、現在はフリーランスの脚本家として生計を立てている。前園さんがADHDの診断を受けたのはこの取材を受けたつい1カ月前のことだった。

幼い頃から落ち着きがなく、学校や予備校でも座っていられずウロウロしながら英単語などを覚えていた。小学校高学年の頃は女子たちがそろってトイレに行く理由がわからず、トイレに行きたいタイミングではなかったので断っていたら仲間はずれにされるなどといったいじめも始まった。こうした経験から友人に「発達障害じゃない？」と言われ、関連書籍を読むようになった。

学生の頃から書く仕事に興味のあった前園さんは、出版関係の職に就くのなら学歴が高いほうが有利だと考え、受験の時点で高偏差値の大学に絞っていた。一浪してから晴れて慶應義塾大学に合格した。彼女は大学時代の思い出をこう語る。

「小学校時代も中学も高校もいじめられていたので、大学時代が一番楽しかったです。在学中は音楽系の部活に専念して夢中になっていました」

しかし、前園さんが就活を始めた年は前年にリーマンショックが起きたばかりで、どの業界も就職が厳しくなった。

「どんなに優秀な人でもほとんど内定が出ない状態でした。周りの内定が出なかった人は就職留年することを選んでいたので、私もあとは卒論さえ出せば卒業できたところをわざと卒論を出さずに留年しました。就活は続けていたのですが、4年の秋頃にうつ病になってしまいました。精神科の先生からは就活するのはやめておいたほうがいいと言われ、ほぼ何もせず、翌年そのまま卒業しました」

前園さんと同年代の私もリーマンショックど真ん中の2010年に就活をしていた身だ。一学年上の先輩たちは売り手市場だったため「(当時在籍していた)「日本女子大学」って大学名だけ書けば通るよ」と言われており、甘く見ていたが、繰り返し「お祈りメール」(不採用通知)をもらっては落ち込んでいた。私も前園さんと同様に、就活が原因で抑うつ状態に陥ってしまった。これは景気の悪さゆえの就活の厳しさのみならず、発達障害の特性により、面接で面接官の喜ぶ受け答えができなかったことに原因があるのではないのかと考えている。

もう少し個人的な話を続けると、当時の私は、「日本女子大学卒」はある程度の学歴だと思っていた。とある企業を受けた際、面接官から「ほ〜う! 日本女子大学! 優秀だね!」と言われたことがあり、そのときは褒め言葉として受け止めていたが、発達障害であることが分かった今となっては、言われたことをそのままに受け取る特性が発動しており、あの言葉はもしかしたら嫌味だったのかもしれないと感じている。

†エリート同期たちからはニート扱い

卒業後、前園さんはうつ病を患いながらフリーター生活に突入する。一度、躁状態になったはずみで大手エンタメ会社を受けると最終面接まで残ったが、不採用だった。しかし、うつ病が治っていなかったので落ちて良かったと振り返る。

その流れで25歳のとき、映画館でアルバイトを始めた。小さなシネコンで人間関係も良好だったので無理なく働けていたという。うつ病であることは周りには隠していた。ある日、大学時代の同期の飲み会に呼ばれた際も病気とバレたくない一心で参加した。他の同期生たちはみんなエリートの道を歩んでいるなか、彼女だけがフリーターだった。前園さんを待っていたのは同期生たちの心無い言葉たちだった。

「ニートが遅れて来るんじゃねぇよ」

「こっちは所得税払ってんだよ」

「同級生たちはいじっているつもりだったのでしょうが、まるで「アルバイトは働いていないようなもの」とみなされてしまって。みんな優秀なので、同じ慶應を卒業した私には散々な言いようでした。学歴はあって損はないと思っていたのに、こんな目に遭うとは思いもしませんでした。

だから、映画館でアルバイトをしていたときも、聞かれない限り慶應卒であることは言っていませんでした。幸い、映画館のアルバイトの同僚たちは「慶應なんだ〜、すごいね。頭いいね」というくらいの反応だったので、嫌味などは言われませんでした。映画館のアルバイトって役者を目指している人がいたり、高卒の人がいたりして、私、そのとき初めて高卒の子と友達になりました。それまで高学歴の人しか見たことがなかったので、私にとって映画館でのアルバイトはリハビリへの道になっていたと思います」

その後、前園さんは脚本家を目指して映画学校に通い始める。やがて、コンクールに出した作品がテレビ関係者の目に留まり、脚本家デビューを果たした。こうした縁があり、デビュー作を撮ってくれた映像制作会社に入社することになった。テレビ局の人間は高学歴の人を好むようで、学歴に関して嫌味を言われることはなかった。

「最初はAD（アシスタントディレクター）のような仕事やバラエティの作家をやっていたのですが、だんだんとドラマの仕事をやらせてもらえるようになりました。でも、会社がなかなかのブラック企業で、社長がありえないくらい安い額とありえないくらい短い時間で書くように要求してくるんです。1年に何本書いたのかわからないくらい、とにかくものすごいスピードで作って納品しました」

そうこうしているうちに前園さんは疲れ果ててしまっていた。朝起きられない、遅刻が多い、予定を忘れてしまう、デスクに座っていられない、メールの返信が遅い、女子ランチに混ざることができない、電話の対応ができないといったことに悩まされるようになり、次第に会社には行かず自宅で脚本を書くようになった。発達障害の特性に加えてうつ病の症状も現れている状態で、精神も体力も疲労困憊していたことが見てとれる。

それでもものすごい量の仕事を要求されていた彼女は、何十本もの作品を書きあげた後、手が止まってしまい、2週間ほど休みをとった。しかし、復帰しても調子が戻らず、いつの間にか退社させられていた。これは労働基準法違反である。

「突然経理の人から「昨日付けで退職になった」と連絡があり、ああそうなんですかと。そしたら完全に動けなくなってしまい、これはダメだと思い、しばらく自分で勝手にやめていた通院を再開しました」

前園さんは一時期、うつ病の通院を勝手にやめてしまっていた。私自身も似たような経験がある。就活で抑うつ状態に陥った際に初めて心療内科を受診したが、大量の薬を処方されたものの薬が効いているのかどうかよくわからず、お金だけ吸い取られていっているような気がしたのと、心療内科を受診していることが企業側に知られると不利になるのではないかと思ってしまった。だが、抗精神病薬は医師の判断なしに摂取をやめると発作や動悸などを起こしてしまう場合があるため、減薬・断薬は必ず医師に従うべきだ。

ゆえに通院を勝手にやめてしまうのは決して褒められたことではないのだが、一方で、「精神科ガチャ」（自分の力ではどうしようもない運要素があること）というスラングがあるように、病院との相性の問題もある。中には「5分診療」と言われる、患者の目も見ず適当な診察をして薬を出して終わりというクリニックもあるのだ。しかし、これは現代の精神科制度の問題でもある。通院精神療法の診療報酬点数は診療時間30分以上の場合は410点だが、30分未満5分以上では330点となっている（精神保健指定医が行った場合）。診療報酬は1点につき10円なので、30分以上診察しても800円しか変わらないのである。病院経営の効率を考えるならば診察を5分程度で終えるのが合理的となるだろう。多くの情報収集が必要な初診を5分程度で終えるクリニックは少ないため、受診したい場合は口コミなどでのクリニックのリサーチが必要となってくる。

†障害を周囲に伝えることの難しさ

前園さんは事前に発達障害に関する本を読んで予習していたことから診断でADHDであることが判明しても「あ、そうか」と腑に落ちたという。同時に「免罪符をもらっちゃった」と思ったという。この「もらっちゃった」というニュアンスからは、障害に対してどこかで負い目を感じていることが見受けられるようだ。

「一緒に住んでいるパートナーがいるのですが、その人がなかなか発達障害や精神障害への理解がなくて……。「病院に行くからそう言われるんじゃないの？」とか、ADHDが言い訳に聞こえているんじゃないかなと今、ビクビクしています。それに、私がうつ病やADHDの薬を飲んでいることに対しても、とてつもなくヤバい薬を飲んでいるのではないかと思っているみたいで。彼自身、風邪をひいても病院に行かないような自然派の人だからかもしれませんが……」

発達障害の診断を受けたことでまず「安心した」と実感する人は少なくない。しかし、その後に待っているのが家族やパートナー、職場へのカミングアウトだ。ここでカミングアウトする人としない人に分かれる。今は発達障害の認知度がある程度上がったため、家族にはカミングアウトする人が多いが、それでも理解のない人はいる。

職場へのカミングアウトも難しい問題だ。以前取材した当事者の中には、内定をもらった際の契約書に「業務に支障を与える疾病を持っていない」という欄にチェックを入れてサインをしていたため、カミングアウトしたことで契約違反にあたるとして正社員から契約社員に降格されてしまった人もいる。障害への理解が進むべきであることは疑うべくもないが、障害を開示することによるデメリットを被ってしまう現実も認識しておく必要があるだろう。

†手のひら返しと複雑な気持ち

映像制作会社を退職させられた彼女は現在、フリーランスで脚本の仕事を請け負っている。ありがたいことにスケジュールは満杯とのことだ。

「今はコロナ禍（取材は2021年初頭に行なわれた）ですが、脚本は先に作っておけばいいので意外と影響を受けていないんです。会社員時代に死ぬほど書かせてもらったおかげで名前も知ってもらえるようになりました。今は5～6件仕事を抱えているのですが、打ち合わせを忘れてしまって遅刻したり、オンライン打ち合わせにギリギリで間に合ったり、メールのスレッドが苦手で返信を溜め込んでしまったり、やらかしは続いています。スケジュールアプリを入れても変わらないんですよね……。

でも、会社員のときと違って周りに嫌いな人がいないので、圧倒的に今は働きやすい環境にいます。過集中でずっと書いて倒れることがたまにあったので、発達障害者のためのライフハック本で読んだ「タイマーをかけて仕事をする」というハックを取り入れて、一旦休憩を挟むようにしたら長時間でも頑張れるようになりました。あと、忘れ物防止にカバンを変えました。大きなカバンに何でも入れて持ち歩いています。

今は一般企業で働いているわけじゃないので学歴のことを何か言われることはありませんが、もし一般企業に勤めていたら「あの人慶應卒なのに」と言われる苦しみがもっとあったと思います。その点では脚本家という特殊技能に逃げられたのでこの道は正解でした」

うつ病で休んでいた期間が長かったために親からは「育て方を間違えた」と言われたこともあった。脚本家として有名になった今、「ニートのくせに」と暴言を吐いた同級生が「あいつ、脚本家になったらしいよ」と、彼女のことをすごい人だと言っていることが耳に入ってきたという。

「てのひらを返すような奴だったんだなとがっかりしました。「ざまぁ」という気持ちもちょっとあるかもしれません。でも、こんな奴なら縁を切って良かったなと思っています」

私も中高生の頃、発達障害の特性のために自分をうまく出せずにいじめられたことがある。しかし、私がライターになってヒット作を出したことで、いじめていた同級生たちの態度が一変したことがあった。前園さんは大学の同期たちから認められたことについて「がっかりした」のと「ざまぁ」という気持ちだったというが、私は「ようやくお前らに勝ったよ、人生逆転したよ」という、ねじ曲がった感情を抱いてしまった。

発達障害特性でいじめられた経験のある人は、定型発達の人に対して時に敵対心や嫉妬心を抱くことがある。匿名のＳＮＳでは発達障害当事者が定型発達の人に対するうらみつらみを綴っている光景を見かけることもある。複雑な感情を抱いてしまう気持ちはとてもよくわかるつもりだ。それでも今は好きな仕事で生計を立てられている。転機はどこに潜んでいるかわからない。

自分の意志がないのに〝意識高い系〟になってしまった

高松恵理子さん（26歳）青山学院大学文学部卒業

†コミュニケーション能力をつけるために荒療治

青山学院大学の文学部を卒業して現在は金融系の企業に勤めている高松恵理子さんはＡＤＨＤの診断が降りている。もともとコミュニケーションが苦手で幼い頃から友達がいなかった。そのため読書ばかりしていたら本が好きになり、文学部に進学した。

高松さんにＡＤＨＤの診断が降りたのは取材からちょうど1年前の25歳のときだった。それまでは自分の生きづらさの正体が分からず生きてきた。

「小中高とエスカレーター式の学校だったので、結構ゆるっとした環境の校風だったんです。それで、夏休みの宿題なんかを3年間出さなかったり。すぐに定期や鍵を失くしていたのである日、母から鍵に鈴をつけられました。カバンの中にあって探っていたら鈴が鳴って見つかるので。

最も悩んでいたことは、小学生の頃、周りには運動ができたり、おもしろい話ができたりする人がいたのに、私はどれにも当てはまらなくて、一人も友達がいなかったことです。誰かと話をするときにはかなりの労力を使って頑張っていました。人気の若手俳優の話なんかで周りがキャーキャー言っているのがわからなかったので、週刊誌やネットでその俳優さんの情報を探して1枚の紙にまとめて、誰かと仲良くなるための材料にしていました。こうやって用意をしておかないと会話できなかったんです」

他人から求められる経験がなかったことへの反動で、高校生の頃には「モテたい」という気持ちが膨らみすぎたために〝荒療治〟をしたという。

「誰かと恋愛するためにはそもそも一緒にいて楽しいと思ってもらう必要があります。そのためには会話をする必要があると考えたんです。それに私はもともと太っていて友達もいなかったので、ダイエットして20kgくらい痩せました。そうしたら異性に声をかけられるようになったのですが、誰かが近づいてくるということがすごい喜びだったんです。その喜びを持続させたい、その喜びを増やしたいという思いがモテたいという思いに繋がって。

モテるためには一緒にいて楽しくないといけないので、男性が好きであろうジャンプ系やマガジン系の少年漫画を読んだり、サッカー、野球などのスポーツも調べ尽くしました。サッカーだったら、日本のサッカー事情だけだとにわかっぽく思われるかもしれないので、プレミアリーグなど海外リーグについても調べました」

†マッチングアプリをやりこみながらも運動部へ

大学時代は大手企業や飛び込み営業のインターン、ギャラ飲み（謝礼を受け取って参加する飲み会）をするなど、コミュニケーション能力が求められるような活動に邁進していた。一時期はマッチングアプリにもハマっていたという。あまりにやりこんでいたため、アプリ内で全国3位の人気の女性に選ばれて、アプリの開発者と対談するイベントにも出演した。

派手な学生生活を送っていたのかと思いきや、体育会のとある運動部に入部し、週の時間の多くをハードな練習や走り込みに費やしていた。身体を動かしている間は人と話さなくてもよい点が魅力的に感じたのだという。

「本当は早稲田大学に入りたかったのですが、落ちちゃったんです。それで青学に入学したのですが、美男美女しか入れない通称〝顔専〟のサークルがあったり、着ている服のブランドで品定めされたり、衝撃的なことがたくさんありました。物事を表層で判断されることが多い学校だったように思います。そんな環境だったので生きやすさを感じたことはありませんでした。

キラキラしたサークルには馴染めないと思ったので体育会の運動部にしました。運動中は一言も話さないし、呼吸がしんどくてドーパミンがドバドバ出ているのを感じられて。負荷をかけて報酬を得るというサイクルが体に染み込んでいたので、部活はちゃんと続けました」

†「何者かにならないといけない」プレッシャー

高松さんには「何者かにならないといけない」というプレッシャーが強くあった。

彼女の母親は、テストで98点を取ったときに悪気なく「なんであと2点取れなかったの？」と言ったり、ショッピングの際に「この服かわいいけどあなたは太ってるから入らないね」と言ったりするような人だった。

「母の言葉が刷り込まれていて、あんまり自分の意志がないんです。自分より相手の顔色を過度に見てしまうとか、小学校の通信簿にも「友達に気を遣いすぎです」と書かれていたり。自分が透明なんですよね。見えないというか、もうひとりの自分が自分を操作しているみたいな。

大手企業のインターンをしたりしていたのも、ただ箔がつくからであって。特にやりたいこともなかったんですけど、母親からは「あなたは青学にも入って、英語も話せて、そこそこ見た目もちゃんとして、なんでも持ってるじゃん。だからもっと貪欲に上を目指しなさい」と言われたりして。処理速度が早いとか、新しい分野の学習が苦じゃなかったり、事実に基づいた議論が好きだったので自分にマッチしていると感じたのと、人気もある業種で周囲からも認めてもらえると思って、就活の最初の頃はコンサルばかり受けていました。でも、第一志望の会社に最終面接で落ちてしまって。

あれこれ迷った挙句、成長しているベンチャー企業に入社することになりました」

新卒で入った会社は早々に退職し、人材関連の仕事に就いたものの、経営に不安を覚えて再度転職を考え、金融業の仕事をしている。高松さんは現在26歳だが、既に今の会社は3社目だ。

転職を繰り返したことで理想の職場に出会うことができたのかと思いきや、曖昧なことが多く、アドレナリンも出ない現在の仕事に苦しんでいるという。この職場で思ったように仕事ができずに適応障害を起こしたことが、発達障害であることが発覚したきっかけとなった。彼女は就職先の選択について、「新しいもの好き」で「自分に試練をかけすぎる傾向がある」ことが問題を引き起こしていると語った。

「私は自分にないものを補わなければいけない、能力の面積を広げないといけないという思考が強すぎて。複合的な要因があると思うんですけど、ひとつは近視眼的思考しかできないんですよね。目の前のことしか見えない。それと、自分に自信がないからリスクを取らなければいけないという思考になりがちなところがあります。あとは周囲の人が正しいと言っていることを真に受けすぎる傾向があって、その3つが絡み合っているなと思うんです。

学生時代はいわゆる〝意識高い系〟と言われるような感じで、有名な会社や勢いのあるベンチャー企業でインターンをしたり、そういう人が集まるコミュニティ的なところにいて。誰もが憧れる企業に就職する人はもちろん、起業したり、新卒にも関わらず幹部候補として就職するような人もいました。でも今思うとバカなんですけど、当時はそういうのが世界のすべてだと思っていました。大企業に行く人もいましたけど、私自身は本当はビジネスに関心がないし、出世したいという欲もないし、あまり大金が欲しいというわけではなかったので。

大人たちは「選択肢があったら大変なほうを選んだほうがいいよ」とか言うじゃないですか。そういう言葉を真に受けて、私は自分が想像しうる限りの一番困難な選択肢を選ぼうとしていたんです。文字通りに受け取りすぎなのか、真面目過ぎるのかよくわからないんですけど、就活のときって過剰な言葉を真面目にとらえて、その言葉を自分の経験に当てはめて、新しいものに目がいきがちで多動でした。新しいものが好きなところとベンチャーが噛み合わさるような。日々業務がコロコロ変わるほうが合っているというのはあったと思います」

†他の人と方程式が違う

高松さんは日々寿命を短くしながら働いているのを感じているそうだ。大学の頃に思い描いていた自分といまの現状に違いがありすぎて困惑するのだという。

「振り返ると、「まともな人間になりたい」「まともな人間だと思われたい」という気持ちが根底にあって、それを原動力にいろいろなことに挑戦してきたんだと思います。昔は『まともな人間になりたかった』みたいなタイトルのブログを書いていたこともありましたし、ちょっと中二病っぽいですけど、それなりに深刻に悩んでいて。

でもなんというか、他人と方程式が違う感じがするんです。努力すれば報われると教えられてきたのに全然報われていなくて、むしろ自分に合ってないことを無理やりやろうとして、より苦しみが増しています。1＋1は2なのになぜか3になったり4になったりするような。悲しさや落胆じゃなくて理解が追いついていないという気持ちでここ1年ほど生きています」

モテたい気持ちを突き詰めてマッチングアプリをやりこんだり、何者かになろうとインターンをしたり、転職をしたり、何かに翻弄されながらもがいているようにも見える。エネルギッシュな彼女の生きづらさはこの先、どのように解決へと向かっていくのだろうか。

早稲田大学が「自分」を作ってくれた
三崎達也さん（35歳）早稲田大学政治経済学部卒業

†指定校推薦で幸いにも早稲田大学へ

「小さい頃から人付き合いが苦手でいじめの標的にされることが多かったので、自分には何かしらの障害か病気があるとは思っていました。中高生の頃、2回ほど母親に「自分には何か障害があるかもしれないから病院で調べてほしい」と頼みましたが、「お前には何もない」とはねのけられてしまいました」

新宿にある喫茶店で小さなテーブルを挟んで向かい合いながら、早稲田大学卒の三崎達也さんは幼い頃からの違和感を訥々と語ってくれた。

「また、父親が転勤の多い仕事をしていたので、小学校高学年から中学校にかけて3年間だけドイツに住んでいました。現地では日本人学校に通っていたのですが、日本人同士で集まる狭苦しいコミュニティで、結構ギスギスした雰囲気だったんです。どこの日本人学校もそうだとは限りませんが、僕が通っていたところはそうでした。その中でいじめの対象になったり、人間関係でつらい思いをしたりしました」

親の海外勤務が終了し、帰国して高校へと入学することとなる。進学と同時にまたも親が転勤となってしまったため、男子寮に入った。だが、帰国子女ということもあって悪目立ちし、先輩や同級生たちからいじめられたという。特にきつかったのは寮の担当の教員まで一緒になっていじめてきたことだった。

「運動部の生徒が多く、体育会系の先輩や同級生たちからいじめられていました。高校時代はつらかったですが、文芸同好会に加入して新聞の投書欄に投稿して図書カードをもらったり、作文コンクールで賞を取ったりしていました」

大学進学の時期になり、三崎さんは担任から早稲田大学政治経済学部の指定校推薦を勧められる。評定成績が早稲田の指定校の枠にギリギリ達していた。推薦で入れるとは思っていなかったため、まさに「棚からぼたもち」という感じだったという。

「普通に受験していたら玉砕していたと思います。でも、ダメだった場合は死のうかなとも思っていました。なんせ、高3のときのいじめがきつくて。勉強は努力をしていたつもりだったので、それで報われなかったらもうしょうがないなと。まあ、死ぬ度胸もなかったので、結局浪人はしていたかもしれません」

早稲田大学に入ることができた三崎さんは大学生活を楽しみ始める。バンカラとも言われる早稲田の自由な校風を堪能していた。地方から出てきた分、他人の生き方を否定しない都会の空気もひときわ特別に感じられた。サークルには一応入ったが、仲の良かった友人が辞めてしまったり、あたりの強い先輩がいたりで続かなかった。

「それで、結局サークルは辞めてアルバイトに打ち込むことにしました。西武ドームのサービススタッフで、チケットのもぎりをやったり、ファウルボールの笛を吹く係をしたりしていました。ヘマをやって怒られたこともありましたが、自分には合っていたバイトで長く続きました。なので、大学時代に頑張っていたことはこのバイトになります。そのときのバイト仲間にはまだ交流が続いている人もいますし、良い経験になりました」

†障害者手帳が取得できない

三崎さんがつまずいたのは就職してからだった。新卒で入った会社で配属されたのは営業職だったが、たくさんある商品の内容から価格、管理の仕方など、覚えなければならないことがあまりに多かった。数字が苦手なため、商品の価格の計算が全くできなかった。マルチタスクが求められる職場でもあり、電話をしながら価格を折衝し、その内容をパソコンに打ち込むことは実に困難だった。やがて、自分は周りの足を引っ張っているのではないかと感じ始めた。

「エクセルが苦手で、学生時代もエクセルやワードの講義は避けていたくらいなのでパソコンが全然使えなかったんです。「自分で勉強しなよ」と言われたこともあったのですが、当時住んでいたのが社員寮だったので、同期たちの目が気になってパソコンスクールに通うのも情けなく感じてしまって……」

同期と比較しても学歴ではむしろ優秀であったにもかかわらず、仕事の覚えが悪く、思い悩むこともあった。そんな折に、ネットニュースで「発達障害」の存在を知ることなる。ADHDの診断が下り、会社は休職することとなった。

「今は障害者手帳を取得して障害者雇用で働いているのですが、当時、障害者手帳を取ろうとしたら、医師の診断書の書き方があまり良くなくて取れなかったんです。発達障害支援センターにも行って「なんとか手帳を取れる方法はありませんか?」と相談したところ、保健所や保健センターの管轄を変えれば取れるかもしれないとのことで、休職していた会社は辞めることにして別の地域に引っ越しました」

発達障害や精神疾患で精神障害者保健福祉手帳を取得する場合、医師の診断書が必要になる。そこには例えば「通院はできるか」「自分で適切な食事ができるか」「金銭管理はできるか」などの項目に対して「できる」「援助があればできる」「できない」といった欄があり、それに対して医師が返答を記入する。脚本家になった慶應義塾大学卒の前園佳奈さんの原稿でも触れたが、ネットスラングで「精神科ガチャ」というものがある。診てくれる精神科医のアタリとハズレがあり、それによって診断書の書き方も変わってくるということだ。三崎さんの場合、診断書の項目のほとんどに「できる」と記されてしまっていたため手帳が取れなかった可能性があるとのことだった。

また、診断書の結果から手帳を交付するか否かは行政の判断によって左右される。

三崎さんは引っ越したのち、派遣のアルバイトをしながら10カ月ほどフリーター生活を送った。そしてその地で無事精神障害者保健福祉手帳を取得できた。25歳のことだった。

10代の頃から親は三崎さんには「何の障害もない」と決めつけていたが、発達障害と診断が降りたことにより、地元からはるばる母親がやって来て医師の話を聞いてくれたり、ハローワークの専門支援の職員と電話で話してくれた。それでも結局、親から発達障害の理解をしてもらえたのかどうかは微妙なところだという。

†早稲田卒であることを隠す

手帳を取得してから三崎さんは障害者雇用枠でネットワークの保守管理を行なう会社に入社する。そこでも上司の当たりがきつく、毎日怒鳴られていた。

「結果的にその会社は辞めたのですが、そのとき僕を怒鳴っていた上司は学歴コンプレックスがあったんです。「お前は俺が行きたかった大学を卒業しているのになんでそこまで仕事ができないんだ」と言われたことがあって。その上司がどこの大学卒だったのかはわかりませんが、こっちからしてみれば俺はあんたが行きたかった大学に行ったけどそんなこと知ったこっちゃないし、別に好きでこの会社で働いているんじゃないと思いながら仕事をしていましたね。学生時代は「早稲田」というブランド名の影響力がどれくらいあるか全然わからなかったのですが、社会に出てからは相手に与えるインパクトがそれなりにあると知り、必要のない限りは大学名を口にしなくなりました。たまに「大学どこ？」と聞かれた際は「馬鹿すぎて忘れちゃいました」とごまかすようにもなりました」

現在、三崎さんはさらに別の会社の障害者雇用枠で働いている。年収は300万円弱だ。大学の同級生たちに目をやると、大手企業に勤めている人が多い。

「同級生、先輩、後輩はみんなすごいところに勤めていて、結婚していたり子どもがいたりする人もいます。そういう人たちと巡り会えたことは私の財産ではあるのですが、それに比べて俺はこうか……と思ってしまいます。SNSを見る限り、みんなキラキラ生活ですよ。だから、SNSを開くのは週に1回あるかないかぐらいです。もちろん、どの人の人生もすべてがキラキラした面だけではないと思うのですが、自分と比べてしまうんです。今、お付き合いをしている女性はいますが、結婚したとしても僕の収入では専業主婦にしてあげられません。早稲田の政経卒でこれかと言われたら、ごめんなさいという感じです」

†それでも早稲田は自分のポジティブな部分を作ってくれた

だが、同じ大学卒の人たちを羨む一方で、それが何なのかという気持ちもある。自分以外にも高学歴でも障害者雇用で働いている人はいるし、その中でやれることを頑張っていけばいいのではないか、とも感じている。

「僕にとって早稲田卒は自分のアイデンティティの一部になっているんです。それを取り上げられたら僕はもう僕じゃなくなるんじゃないかくらいのテンションなんです。社会人になってからは自分が早稲田卒だとわざわざ言うことはないのですが、自分のポジティブな部分を作ってくれたのは早稲田のおかげなんです。優秀な大学だと褒めてもらえる、認めてもらえることがあるから、自分を肯定できるようになったのだと思います。それに、そこで出会った恩師や良い友人に巡り会えたことが嬉しいんです。だからこそ自分も頑張らないといけないと思っています。学力のステータスがどうこうではなく、私は早稲田大学が大好きです」

早稲田卒であることがアイデンティティとなり、そのことが前向きな自分に繋がっている。ときには人を羨むこともあったとしても、自分なりの道を歩んでいけることを切に願っている。

理解のある夫に支えられてフリーランスの道へ

藤岡綾子さん（33歳）早稲田大学法学部卒業

†エリート家系のプレッシャー

父親は国立大卒、母親は東京女子大卒、姉ふたりは国立の医学部卒からの医師というエリート一家に藤岡綾子さんは生まれ育った。現役で立教大学に合格したものの、姉に「うちの家系で立教はねぇ」と言われて悔しかったこと、また実際に入学してみると女子が多かったところが肌に合わずに数カ月で中退し、1年間の自宅浪人ののちに、早稲田大学の法学部に合格した。

「早稲田自体は私に合っている大学だったのですが、だんだん大学に行かなくなり……。友達とカラオケに行ったり、当時の彼氏の家に転がり込んでグダグダと過ごす日々が始まり、落ちこぼれになってしまいました。高校生の頃からそうだったのですが、基本的にじっと授業を聞いていられないんです。「人との距離感がちょっとズレている」と言われることもありましたね」

大学時代は飲食店やスナックのホステス、家庭教師などのアルバイトもしたが、どれも3カ月も続かなかったという。

「ケアレスミスが多いのと、昼夜逆転生活をしていたので決まった時間に出勤するのがすごく苦手で、何度も遅刻やブッチ（サボり）をしてしまったり。ホステスの職場では人間関係がうまくいきませんでした。当時、とても人見知りだったので、同僚から「もっとニコニコしてよ」と言われてしまったり。お客さんとのコミュニケーションは今思うとこれはセクハラだなと思うこともありました。あるときはお客さんから「チークダンスしよう」と言われて頬をベッタリくっつけられてダンスしたり。でも当時は「こういうバイトはこんなものなのかな」と思い込んでいました」

今まで取材してきた発達障害女性にも多い特徴が、セクハラされやすく、またセクハラに気づけないことだ。セクハラをする男性は「こいつなら何も言い返してこないだろう」という相手を選んでセクハラをする傾向がある。発達障害の女性は自分に自信がない人が多いため、セクハラのターゲットにされやすいのだ。

†社長が私の学歴を自慢する

藤岡さんは現在フリーランスのライターとして生計を立てているが、その道に至るまでは紆余曲折を経ている。もともと特に将来就きたい職はなかったが、就活の時期に新卒ハローワークで「文章を書くことが好きです」と言うと、出版社への就職を勧められた。大手の出版社には早稲田卒の編集者も多い。だが、藤岡さんが受けたのは小さな出版社ばかりだった。自己肯定感が低く、自分なんかが大手は受けられないと思ったのだという。

新卒で入った出版社はヘアカタログを作っている会社だった。そこで彼女はミスを連発してしまう。美容師さんにアポイントを取るスケジュールを間違えたり、取材の際に内容を聞き漏らしたりしていた。労働時間は長く、毎日13時間働いても手取り16万ほどしかもらえない、いわゆるブラック企業だった。節約をしようにも仕事が終わるのが深夜であるため帰宅すると午前1時を過ぎており、当然疲れ果てているため深夜までやっている定食屋で食事を済ますことになり、自炊すらできないという負のループに陥っていた。

「社長は学歴コンプレックスがあったみたいで、誰かお客さんが会社に訪ねてくるたびに「この子早稲田卒なんだよ」と自慢して、お客さんに「うわー、僕なんか高卒ですよ」と言われるたびに気まずい思いをしていました。「君が早稲田だったから採用したんだよ」と言われたこともあります」

†正社員を目指すことへの葛藤

結局、彼女は結婚休暇をもらったタイミングで転職活動をする。書く仕事を続けたかったのでライターを募集している会社にアルバイトとして入社した。同期はみんなライター初心者だったため、藤岡さんは「自分、結構仕事ができる方じゃん」と感じ、自己肯定感が向上していった。仕事も以前いた会社よりも丁寧にフォローアップがあり、勉強会まで催されるなど、ライティングスキルを向上させることができた。

「アルバイトなので時間も1日7時間のシフトが組まれていて、激務ではないし、ゆとりができて、帰宅して自炊もできて。お給料が少ないこと以外は何も不満はありませんでした。それでも夫の収入もあったので、自分のお小遣いが少ないくらいで生活はできていました」

藤岡さんはこの会社で正社員になりたいと考えることもあったが、正社員になれば残業もあるし、責任も重くなる。

「将来的に子どもが欲しかったので育休が欲しいなと思ったんです。それにやっぱり早稲田を出て正社員になれない自分はどうなんだろうという気持ちもどこかにありました。同期の友達は超大手に勤めている子ばかりだったので、自分が恥ずかしい。学費を出してもらった両親の顔もよぎりました。今の自分の生活には満足しているし……という気持ちのせめぎ合いもあったのですが、やはり正社員は無理だなと思って、アルバイトでいることにしました」

しばらくそのまま働き続けていたが、お世話になっていた社員や仲の良かったアルバイト仲間がやめたこと、また「もしかしたらフリーランスならもう少し稼げるかもしれない」と思い立ち、独り立ちを決意した。

†理解のある夫に支えられている

「フリーランスとして働くようになってからは、以前勤めていた会社のように学歴について何も言われないので快適です。わざわざ自分から「早稲田卒です」と言う必要もありませんし」

多くの当事者が会社勤めに大きな困難を抱えていることはこれまで見てきた通りだ。だからこそフリーランスという働き方に希望を見出す向きもあるだろう。しかしその点について藤岡さんはむしろ家族の存在が大きいと語っている。

「私としては、夫がいたからうまく働けていると思ってるんです。夫が私の発達特性を理解してくれて、私の苦手なことをやってくれるんです。

発達障害の特性がある人が全員フリーランスに向いているかというと微妙なところがあるというのが正直なところです。私は自己管理が苦手だから、その苦手な部分を夫が補ってくれる。経理関係の業務が苦手なので、そのあたりも夫に手伝ってもらっています。

そういったサポートがあるからこそフリーランスを続けられているんだと思うんです。子どもが生まれてからも夫に育休を取ってもらったり。忙しいときは家事育児に手が回らなくなるので、そういうときは夫が子供の面倒を見てくれたり家事をしてくれたりしています」

夫は高校の同級生で、もともと友達だったという。成人してからふたりで飲んだ際に発達障害であることをカミングアウトした。交際するようになってからは、夫は発達障害の本を読み、彼女の生きづらさを受け入れてくれるようになったそうだ。片付けが苦手ですぐにモノを床の上に置いてしまう癖に関しては、夫が大きな箱を買ってきてくれて「とりあえずこの中に入れて」と提案し、そのとおりにすると床にモノを散らかすことがなくなった。電車やバスに忘れ物をしてしまう癖も、降りる際に座席を夫が確認してくれることで、忘れ物センターに問い合わせをすることが減った。それを繰り返しているうちに自分でも降りる前に座席を確認する習慣がついたという。

「あと、ASD傾向で冗談を冗談と受け止められないことがあります。それが原因でケンカになってしまったこともあったので、冗談を言わないよう夫が練習中です」

他にも藤岡さんは二次障害で気分の波があるため、「あ、これは気分が落ちる前兆だな」と思った際は、夫と散歩にでかけたり美味しいものを食べたりしているという。とにかく夫のことが大好きなのだそうだ。

理解のある夫がいること、しかも男性でも育休を取れる会社に勤めていることも含めて幸運な例ではあるかもしれない。彼女が言うとおり、全ての発達障害の人にフリーランスという働き方が合うとは私自身も思っていない。しかし、藤岡さんのように自身の働き方とフォローしてくれる家族に恵まれる可能性もゼロではないだろう。

発達障害の人が働きやすい会社をつくる

山田耕介さん（42歳）慶應義塾大学経済学部ほか卒業

✝老舗の薬問屋のおぼっちゃん

山田耕介さんは慶應義塾大学経済学部を卒業後、同大学の環境情報学部でバイオテクノロジーを学び、その後アメリカの大学でＭＢＡ（経営学修士）を取得している秀才だ。話していると知的好奇心が旺盛で、少年の心を持っているような熱いパッションが感じられた。実家が数百年以上続く老舗の薬品問屋で、まずは経営の基礎を学んだうえで、家業を発展させる技術の勉強をするために理系の学部に入り直したという。

「片田舎の、いわゆるおぼっちゃん家庭だったんです。だから、幼い頃からＡＳＤの特性でちょっと変わり者のところがあっても、周りの大人たちが「おぼっちゃんだから自由に生きてるね」と許してくれていました。小さい頃はサヴァン症候群がありました。今はもう喪失してしまったのですが、例えば「西暦3292年11月6日は何曜日？」と聞かれたらぱっと答えられていました。だから勉強は得意で、小学校から成績はトップでしたし、高校に入っても学年に400人いる中でも上位にいました。それもあって許されていたところもあるのかもしれません。

家業を継ぐためには理系の勉強をしないといけなかったのですが、東大と東工大のキャンパスを見たら自分の求めている空気感とは違ったので、慶應義塾大学に進学しました」

†海外だからといってコミュニケーションがうまくいくわけではない

山田さんには空気が読めない、会話がぎこちないといった特性がある。ただ、学生時代はコミュニケーションに関するトラブルはあったものの、大きな問題として表面化することはなく、おそらく周りが我慢していたのだろうと語る。ASDという言葉をはじめて知ったのは大学院生の頃だった。診断は受けなかったものの、自分がそうであることをほぼ確信していたという。

「思い込むと周りが見えなくなって、結果として空気が読めなくなったり。高校生の頃は生徒会長でしたが、文化祭で演説のようなことをしていました。でも、大学に入ると周りの知的レベルも上がって、コミュニケーションしやすい感覚がありました。違和感なく過ごせるという感じがありましたね」

しかし、アメリカへ渡った際に、英語でのヒアリングや議論はできたが、日常会話には混ざることができなかった。当時は英語力の問題だと考えていたが、単に雑談が苦手で会話に入れなかったのだと振り返っている。海外では自由に自分の意見を言える文化があるとしばしば言われるが、必ずしもそうではないのかもしれない。空気を読まずに自分のタイミングで突撃してコミュニケーションを取ろうとするため、現地の人からは幼い印象を抱かれていたという。

†厳格な父親が作った社風の改革

26歳でアメリカから帰国した彼は、家業の会社に入り、半年ほどで専務となった。

「父親が厳格な人で、会社を軍隊のようなガッチガチの社風にしていました。男性はスーツで、事務員の女性には制服がありました。会話の一言一句までにこだわり、上下関係も厳しかったです。僕はマルチタスクが苦手な特性があるので、ミスをしないようメモの付箋をパソコンに貼っていると、「人の話は目を見て聴け。社長の言ったことは一発で覚えろ！」と父に怒られたこともあります」

父親の従業員管理の方針と発達障害の特性が相容れなかったため、やがて自分が社長に就任してからは、発達障害の人でも働きやすい会社にするべく、改革に取り組み始めた。「発達障害の人が働きやすい会社は、定型発達の人でも働きやすい会社だ」と山田さんは断言する。

「まず、スーツや制服を廃止しました。そして、「ミスをしても大丈夫」「弱みを見せても大丈夫」といった内容の張り紙を、みんなが集まる部屋や更衣室に貼りました。そうやって5年間改革を続けた結果、それまでは離職率が高い会社だったのがほぼゼロになりました。辞めたのは配偶者の転勤で退職した女性ひとりのみです。自分が働きやすい会社を目指した結果、社員にとっても働きやすい会社に変わりました」

コミュニケーションに苦手意識があるために、人の話を聞こうとする際に一生懸命になって無表情になり「怖い」と言われたこともあった。そのため、積極的に挨拶を心がけたりと努力もした。

「社員にも自分がASDであることはオープンにしています。製造業はきちんと精度を上げていくことが求められますが、そういった生真面目さは出さずに、もっとクリエイティブなやり方でいいと思っています。会社という枠型に個人を合わせるのではなく、「個人ひとりひとりがウェルビーイングに自分らしく生きられる会社にします」と宣言していますね。古い社員の方だとまだ昔のやりかたが残っている人もいますが、僕が採用した人はもうこういう会社だとみんな思っているはずです」

†経営者協会での人間関係

とはいえ、地方で経営者をしていると地区の経営者団体など地元の集まりもある。そこで周囲から〝東京の大学を出た高学歴のおぼっちゃん〟という目で見られることが苦痛だったという。

「そこでの集まりは同じ経営者同士だからか遠慮がないんです。〝疑似社会〟ができあがってしまっているというか、田舎特有の地域社会に参ってしまいました。私が入った団体は同じ県内の同年代百人くらいで構成され、イベントのときなどは毎日のように顔を合わす活動密度でした」

そこでの人間関係は想像以上にこたえるものだった。とあるトラブルが引き金となって、29歳のときにうつ病になってしまう。症状は非常に重く、休職して入院もした。

時を同じくして、離婚も経験した。発達障害の男性と結婚した女性は、パートナーの共感性の乏しさからカサンドラ症候群（コミュニケーションがうまくいかず、またその困難さが周囲に理解されないことによって、身体や精神面に不調が現れる状態）に陥りやすいと言われている。発達障害当事者のパートナーにとっては、単にサポートするためのみならず、自分自身のためにも発達障害について理解を深めることが大切だ。

やがて体調を取り戻し、33歳のときに出会った女性と再婚した。かねてから疑っていたASDの診断が下りたのもこのタイミングだった。現在の妻との関係においては、理解を得られないなどといった心配はまったくないという。

「みんな「山田さんの奥さん大変だね」と言うのですが、妻は「あなたがダメと言われれば、大変なのにすごいねと私の評価が上がる」なんて言っています」

ひとことに「発達障害」と言っても、本書で見てきたようにその内実は本当にさまざまだ。経営者という立場の山田さんは特別な例として映るかもしれない。それでも、何もかもが順風満帆とはいかないものなのだろう。情熱と創意工夫をもって目の前の課題を乗り越えていくその姿勢には頭が下がる思いだ。

天職にたどり着いたＡＳＤ女性
高橋希美さん（45歳）上智大学理工学部卒業

†機能不全家族

発達障害を持つ人といえば、仕事でもプライベートでも困っていることのオンパレードというイメージがある。だが、高橋希美さんから届いたＳＮＳのダイレクトメッセージには「ＡＳＤですが、特に困っていることはない私が取材対象で大丈夫でしょうか？　仕事では毎年昇給しています」と綴られていた。待ち合わせ場所に現れた高橋さんはすらっとしたモデル体型の女性だった。上智大学の理工学部を卒業、同大学院を中退している。

高橋さんは４～５歳の時点でＡＳＤ傾向が見つかり、はやくから精神科に通っていた。発達障害をこじらせたことから、また後述の理由から義務教育をほとんど受けられない状態になってしまった。多くの人とかかわらなければならない「学校」という空間が高橋さんにとっては苦痛な空間だったのだ。また、家族とも折り合いが悪かった。

「父は医師なのですが、私が幼稚園に入る前に精神を病んでしまって半年くらい精神科に入院していたんです。父は勤務医で、職場の人間関係や激務のストレスなどを全部私にぶつけていました。ひとりっ子でほかにきょうだいはいないし、母は気が強いので、母には当たらず子どもの私に来るんですよね。

私が小学校低学年の頃まで父は単身赴任をしていて、週1くらいで家に帰ってきていたのですが、その1日が毎週地獄でした。単身赴任が終わってからは父が毎朝毎晩家にいるし、もうどうしようと、死にたいとずっと思っていました。その頃くらいから小学校に行ってないです」

高橋さんはいわゆる機能不全家族で育った。小中学校にはほとんど行くことができず、高校は不登校の生徒や高校中退者を受け入れる高校に4年間通うことになった。

その高校は規模が小さく、全校生徒が160名程度しかいなかったという。また、一般的な高校とは異なり、白紙の時間割が配布され、そこに自分で科目を記入していくという単位制をとっていた。希望する授業を選択していく単位制では科目によって比較的少人数での授業になることがあり、たとえば数学Ⅲや数学Cはあまり人気がなく、片手で数えるほどしか受講生がいなかった。高橋さんの学校生活はどのようなものだったのだろうか。

「女子って「一緒にトイレに行こう」とかの集団行動があるじゃないですか。それが私嫌なんです。高校時代は同じ時間に国語を受ける人もいれば数学を受ける人もいれば化学を受けている人もいる。みんな教室はバラバラなのにそうやってつるんでいる人たちを見て、「なんで一緒にトイレに行くの？　個人行動すればいいのに」と思っていました」

†女子グループが固まってしまう学科

周りには勉強熱心な人はあまり多くなく、大学に進学する生徒の数も全体の半分くらいで、進学する大学のレベルもそれほど高くなかった。定期試験もちょっと勉強しただけで90点台が取れるレベルの学校だった。

そのため、評定平均が非常に高く、せっかくだからと推薦入試を受けることにした。しかし、文章を書くのはあまり得意ではなかった高橋さんは、入試に小論文がなく、そこそこレベルの高い大学の中から、数学科のある上智大学を選んだ。

「小さい頃から算数・数学がとにかく好きだったんです。小学校入学前にはもう足算と引き算はできていたと思います。問題集があればひとりでできるところが数学の魅力です。理科だと実験道具とか要るじゃないですか。家でもひとりでできる数学には没頭していました。数学ができることが、得意なことと苦手なことの凸の部分なんだと思います」

晴れて上智大学に合格して、地方から上京することとなった。だが、入学した理工学部数学科（現在は情報理工学科へ再編）は理系学科であるがために女子が少なく、1年の頃は学科で高橋さんを入れて女子が十数名しかいなかった。加えて、高橋さん以外の女子が全員自宅から通学していること、女子高出身だったことから、女子は常に固まって行動していたため、その輪に高橋さんは馴染めずにつらい思いをした。結局、同じ学年の人と仲良くなれることはなかったという。休学も挟み、卒業まで5年かかってしまった。しかし、相変わらず勉強は得意で特に幾何学のテストではベスト3に入っていた。

卒業後はそのまま大学院へと進学したが、持病のてんかん発作が頻繁に起こるようになったこと、親から「あなたは社会不適合者だから家庭に入るのがいい。地元に戻ってきて結婚相談所に入りなさい」と言われたことでだんだんとメンタルがすり減っていき、勉強にもついていけなくなったことを理由に大学院を中退してしまった。

†パワハラ気質の社員

「大学院を中退後、しばらくブラブラとニートをしていて、それから発達障害の就労訓練事業をしているところで訓練を受けました。私としては最低2カ月は訓練を受けたかったのですが、1カ月の訓練を終えた時点で団体の代表から猛烈に「早く就職しなさい」と言われたんです」

そこでハローワークの障害者ブースに行ったら予備校の教材部の求人があって、障害者雇用でパートという形で入社しました。でも、その会社特有だと思うんですけど、なぜか「障害をオープンにしないでくれ」と言われたんです。それもあって発達障害のことを同僚に伝えていなかったですし、当時は今よりも2～3kg痩せていたせいもあって、周りには単に「体が弱い人」と思われていました」

高橋さんは障害者雇用で入ったこの会社を3年で辞めている。数学科に所属していたが、別の科の社員でそりが合わない人がいたのと、大学生のアルバイトがバイトリーダー的な存在となり、大学生の部下になってしまったことを惨めに感じてしまったのだという。体重もさらに落ちて40kgを切ってしまい、「これは危ない」と思って退職した。

2社目も教材関係の仕事に就いた。ここではクローズ（自身の障害を企業に開示しない）で、派遣として入社した。この会社がブラックだった。

「数学課の社員の方がパワハラ気質の人で、何をやっても怒られました。私が入社する前に私のポジションにいた人は男性だったらしいのですが、その人が職務中に泣いたというレベルのパワハラ具合で。私もパワハラが嫌になって2～3日無断欠勤したこともあって、もうクビでいいと思ったこともありました。それでも派遣元から「無断欠勤した期間は有給ということにしてあげるから戻ってこないか」ということを言われて戻りました。

派遣は3カ月ごとの更新制なので、次の更新はもうないだろうなと思っていたら、なぜかまた「お願いします」と言われて。最初は1年〜1年半の期間限定のプロジェクトの仕事と言われていたのですが、結局2年少々引っ張られて在籍し、最後はもうこっちから辞めたいと言って辞めました」

†才能を活かせる穏やかな環境

その後また別の会社を経て、現在の天職だと語る職場にたどり着くこととなった。塾や予備校などで使用する参考書や教材を編集する仕事だ。もともと数学が好きで、数学を扱えるだけで嬉しいのだという。

高校教科書の練習問題の模範解答がずらっと書かれた本や、学校の教師向けの指導書の作成、中学生向けの高校入試対策模擬試験の作成を行なっている。編集のみならず、ときには執筆や校正を行なうこともある。他にも、中学生向けの高校入試の指導書を作成したり、タブレット教材の制作にも関わっている。今の仕事で一番楽しいのは、自分が書いたものが本や模擬テストとなって製品になることだという。ここにはクローズで正社員として入社している。

「数学が好きだというのもあるのですが、すごく小さな会社で、上司である社長が穏やかな人だから続けられています。環境がとてもいいんです。もともと数学ができる人ってASD気質の人が多いので、そんなに私が浮いていないんです。これが英語や国語だったら浮いていたと思います」

なお、クローズで入社しているが、高橋さんは障害者手帳を持っている。障害者控除を受けるために経理に通す必要があるのではないかと尋ねると、会社側には発達障害ではなく、併発しているてんかんで手帳を持っていると伝えているのだという。

クローズで働いている最大の理由はやはりお金だ。障害者雇用の多くは低賃金である。以前、障害者雇用で働いていたときは幸い、親がワンルームマンションを購入してくれて、家賃の負担がなかった。そして今でもその部屋に住み続けている。

「私という人間は数学がなければ何もありません。発達障害があって、数学に秀でていたから今の職に就けたので、一概に発達障害が悪いとは思っていません。唯一困っていることと言えば、後輩で仕事ができない人がいて、その後処理を私がやっていることくらいです。社長が元気なうちはずっとこの会社で働き続けたいです」

天職と語る職業に恵まれた一方で、全く苦難がないわけではない。交際中の男性が詳細は話さずざっくりと「彼女は障害者だ」と男性の親に伝えたところ、「障害者の嫁なんていらない」と会わせてもらえなかったことがあったという。高橋さんは障害者差別を受けたことになる。少しでも障害についての理解が一般の人にも認知されることを願うばかりだ。

第3章

発達障害当事者の大学准教授が見た大学

——京都府立大学文学部准教授　横道誠さん

多くの発達障害当事者は「大学ではうまくやっていけたが、社会に出た途端に挫折してしまった」という経験を語っていた。いわゆる外の「社会」と「学校」という場にはどのような違いがあるというのだろうか。

この章では大学で教壇に立つ側からの視点として、京都府立大学文学部の准教授であるとともに、発達障害当事者として『みんな水の中──「発達障害」自助グループの文学研究者はどんな世界に棲んでいるか』(医学書院)などの著書を発表している横道誠さんに話を聞いた。

発明家のエジソンが発達障害だったという逸話があるように、「こだわりが強い」という特性から発達障害者は研究職向きだというイメージを持っている人もいることだろう。だが取材を進めるうちに、その実態は決して甘くないことが透けて見えてきた。当初「横道先生」と呼んでいたところ、「当事者のひとりとして〝横道さん〟でお願いしたい」と横道さんよりご指摘をいただいた。

†大学教授もひとりのサラリーマン

「私は小中高とずっと生きづらさを抱えていて、ASD傾向が強かったせいか、異物扱いされていじめられていました。特に人付き合いは子どもの頃から苦手で、いつも〝ソウルメイト〟を求めていました。だから、自分と似たような感覚の友人と出会ったら、もうべったりの関係です。似たもの同士でピンときて仲良くなるんです。でも、仲良くなった友人が他の友人と仲良くしていると嫉妬をしたりもしていました。

私の場合は、親がカルト宗教に入っていて、虐待を頻繁に受けたりもして、とにかく行き場がどこにもありませんでした。だから、街中を放浪したり喫煙してみたり、人の家に侵入したりとか、よろしくないことをやっていました。学校制度もしんどくてたまりませんでした」

小さい頃から勉強が好きで、「昆虫学者のファーブルみたいな研究者になりたかった」という。しかし、数学が苦手だったので理科系の道には進まず、文学研究の道へと足を踏み入れることとなる。

「大学や大学院で学んでいた頃はそれなりに辛いこともありましたが、中学、高校と比べると生きやすかったです。大学に入ったらさすがにいじめなんかもみんなしませんし、アルバイトやひとり暮らしを始めたりして自由度が増します。さらに大学院に行くと、こだわりの特性を持っている人が研究にハマっていくことが多いので、ASD特性やADHD特性が強い学生が目立つんですよね。だから大学が一種のユートピアになっているわけです。むしろ発達障害の傾向がない定型発達の人のほうが大学院では戸惑うことがあるみたいな。でも、事務員には定型発達の人が多くて、そこで軋轢が起こることも多いし、研究者は個性が強い人が多いから、互いに対立もしやすい。研究ばかりしているように思えるでしょうけど、大学教授もサラリーマンではありますから、組織の一員です」

例えば、研究のために必要な文献資料や実験器具を揃えたり、学会などへの出張など、経費が必要になる際において、高額になる場合は大学側に申告して協議したりしなければならない。しかし、ぼんやりしながら「研究費が余っているから」と高額なモノを申告せずに購入してしまい、始末書を書かされたこともあった。

大学で研究者になれば生きやすくなると思い込んでいたが、なってみたら現実は違った。研究はできるが、いち社会人としての常識がすっぽりと抜けてしまっていたことで周囲の人たちとトラブルを起こしてしまう。やがて人間関係がうまくいかなくなり、うつ状態とアルコール依存症、不眠障害を患ってしまった。

「振り返ると、自分の周りにいる研究者たちも多かれ少なかれ発達障害の特性がある人が多いなと感じます。ぜんぜん感じない人の方が稀なんです。それでも、発達障害の特性が強い人は社会から淘汰されていってしまうわけですよね。例えば在学中にうつになって退学していくとか、大学院が修了できずに消えていくとか。私の場合もそういう危機がありました。

私たちの世代は博士論文を30歳前後で書くのが普通になってきていました。昔は60～70歳で自分の研究の総仕上げとして書くものだったのが、そうではなく博士論文をまず書いてから研究をスタートするというのがスタンダードになってきていて。

それで私も20代の後半に一生懸命書いたのですが、指導教官にいろいろと言われてしまって。こだわりが強いので、指導教官との意見の食い違いがありましたが、本当につらかったです。本来なら28歳くらいで学位を取れて就職できるはずだったのですが、博士論文を書いている途中で運良く就職が決まったものの、十数年以上経った今でも完成していないので、まだ学位を取っていません」(インタビューから半年ほど経った頃、修士論文からなんと18年越しに取得できたという)

†自己啓発的なところがある認知行動療法

横道さんは40歳のときに発達障害の診断が下りている。先ほども触れたが、うつ状態になったのは大学教員として就職してすぐのことだった。しかし、横道さんはもともと抱えていた家庭環境の問題が抑うつの原因だと考えていたため、発達障害の診察を受けることは考えていなかったのだという。

「でも就職して10年ほど経ったとき、いよいよ完全に行き詰まった状況になってしまって、とうとう精神科に行ったんです。ただ、教え子を見ていて、すでに何となく発達障害のことはピンときていました。というのも、学生が休学や退学する際の面談で、彼らの雰囲気や話していることが私と被っていることが多くて。だから何となく自分も発達障害者なのではないかと思っていました。

精神科に行くことは大学に勤めている身にはハードルが高かったんです。まがりなりにも知性において人をリードする立場という自負があるからこそ、特に脳に関係する障害の相談に行くわけですから。実際、上司に「精神科に行ってみたい」と言ったら「そんなことをしたら君はもう終わりだ」と言われました。大学には休職に陥る人があまりいないという事情もあるかもしれません。それでも結局行って、検査をしたら発達障害の診断が下りました」

二次障害の適応障害で休職中、横道さんは発達障害支援センターの紹介で、就職や職場復帰を目指した支援をおこなう障害者職業センターでリハビリを受けた。どのようにストレスコーピング（ストレスの原因にうまく対処しようとすること）するかをグループワークで意見を出し合ったり、最近感じた怒りをどのように抑えるのか考えたりするというものだ。

「まず、朝の8時半に気分や体調などを書き出して、今日何をやりたいかを書きます。それから、音楽が流れてマインドフルネスというか、瞑想のようなことをやって。その後は小学校の授業みたいに50分単位でいろんな講座をやっていくんです。毎週新入生が入ってくるシステムで、うつ病の人が多かったです」

障害者職業センターではどう行動すればうまくいくかをロールプレイするソーシャルスキルトレーニングも行なったが、横道さんはうまくできなかった。のちに「当事者研究」（生きづらさなどの問題を、自身や仲間の経験を取り入れながら、自分なりの発想で、その人に合った自助や理解を創造していくアプローチ）に出会った横道さんは、ソーシャルスキルトレーニングや認知行動療法を批判的に見ているという。

「認知行動療法は「こうやったら自分を改められて突破できる」という一種の自己啓発的な面があるんです。対して当事者研究は自分を変えずにそのままでどうしたら生きやすくなるのか、その人をとりまく環境を含めて考えていきます。世の中には発達障害ではないかと言われながらも診断は下りておらず環境のおかげで困りごとも起こさずに生活している人もいますよね。一方で私たちは社会に馴染めずに困っている。障害というものが環境という要因によって大きく左右されるものだと捉えています。

認知行動療法によって、自分を改めることで生きやすくしようとすると、何でも自分のせいにしてしまって、余計に病んでしまうことがあります。障害者職業センターは企業と協力することで、うつになった人に回復して戻ってきてもらおうとはしますが、勤め先の側が環境整備をうまくやれないことは多いのではないでしょうか。私はそのことを疑問に思い、自助グループや当事者研究の活動に参加しました」

†自助グループは生きやすさを見つける場

「過去は発達障害者支援センターと障害者職業センターに通っていて、いまは毎月一回障害者就業・生活支援センターに通っています。何人もの良い支援者に恵まれましたが、いちばん支えになるのは自助グループ活動をつうじた発達障害の仲間同士での交流です。

障害者はみんなそうですが、いろんなことに対してあきらめやすくなりますよね。健常者でもお金がないから車やマイホームや海外旅行をあきらめるとか、ふたり目の子どもをつくるのをあきらめるなどといったことはあると思います。発達障害者は健常者以上にあきらめざるを得ないことが多い。でも、診断が与えられたことでミニマルに生きていけるので、その点では診断が下りて私は良かったと思っています。

その診断を与えるところまでは医者の仕事ですが、その後やれることはせいぜい薬を処方したり、短い診察時間に話をしたりすることくらいです。だからやはり福祉の支援者が果たす役割は大きいですし、自助グループは福祉でも足りないものを補完してくれます。自助グループは当事者同士が知恵を出し合う場です。当事者同士で話し合うことによって、その人らしい生きやすさが見つかっていくと思います」

自助グループで自己理解を深めていった横道さんだったが、時を同じくして新型コロナウイルスが席巻し、一部の会はオンライン化されたものの、ほとんどの会は休止状態になってしまった。そこで横道さんは自助グループを自ら起ち上げた。

「発達障害の会を中心に合計で7〜8個くらい自助グループを運営しています（本書刊行時点では9個）。それは自分が、親との軋轢を抱えたアダルトチルドレン（機能不全家族で育ち、生きづらさを抱えた人）だったり、宗教二世で苦しんだことがあったり、セクシャルマイノリティ当事者でもあったりするので、個々の当事者性に即したかたちで区分けしていったものです。オンラインを中心に、最近ではリアルでもやっています。2020年5月に始めて、12月までに開催回数が合計100回を超えました。1回2時間、長いときは3時間ぐらいです」

私も過去に一度、自助会に参加したことがあるが、「こんなことがつらいよね」といった愚痴の言い合いのようになってしまい、建設的な話にはならなかった経験がある。その点、横道さんが主催するグループでは、可能な限りマイナスな感情は出さないようにしているという。

「もともと自助グループは、アメリカで始まったアルコール依存症者による「アルコホーリクス・アノニマス」から発展していったものでした。「言いっぱなし、聞きっぱなし」というスタイルが取られていて、順番に最近の自分の体験談や苦しみを語って、周りは一切応答しないというルールがあるんです。応答すると場合によってはジャッジメントになって人を傷つけてしまうかもしれない。しかし発達障害の自助グループでは、多くの場合は茶話会的な相互に応答しあうスタイルを取っています。ですが、私は研究者でもあってこだわりの特性が強いから、なあなあで終わるのが嫌なんです。だから、当事者研究として「こういうふうにして生きやすくなっていこう」という解決モデルを考える会をやっています。もちろん、その際に最重要ポイントは環境調整を図ること。転居や離職・転職、通院や自助グループへの継続的な参加なども含めて環境調整です。それでもどうにもならない場合に、自分の認識の変化を促す認知行動療法的な方法を導入しています」

†無意識のうちの差別

横道さんは発達障害者支援センターに通い始めた当初、「センターの名称にショックを受けた」という。例えば京都市の発達障害者支援センターは「かがやき」で、京都府の発達障害者支援センターは「はばたき」といったように、ひらがなでやさしい名称に、児童が通う特別支援学級のような印象を抱いてしまったのだ。

「自分たちは輝けない、羽ばたけないと一般の方から思われているのだろうか、と。だからこそ、私たちを無理やり「チア」するために、「かがやき」「はばたき」なんじゃないかと。通い始めた当初は職員さんに、「この名称、なんとかなりませんか？」とボヤいていました。でもその後、この名称にこだわっているのは自分自身に差別意識があるからだと気づいて、改めてショックを受けました。

それを解消するためにも自助グループに入ったし、いろんな立場の当事者の人にインタビューをして回ったんです。「仲間」のリアルを把握して、自分の差別意識から卒業したかった。『発達界隈通信――ぼくたちは障害と脳の多様性を生きてます』（教育評論社）として本にもまとまっています。みんな、どこかに得意なものがあったり、あるいは何かしらの魅力があるんですよね。最初は、知的障害の人は自分とは違う世界に住んでいると思い込んでいたのが、実際に接した障害者の方たちはきちんとした人間なんです。その事実に自分の人生がすごく洗われたというか清められた感じがしました。

この取材では「高学歴」にスポットを当てていますが、高学歴でもそうでなくても、みな通ずるものはあると私は思っています。知的障害者の人たちも、やはり多くの場合苦しみを抱えていて。障害が重度の場合は小さい頃から診断を受けていて、自分が知的障害ということは明らかなんですけど、境界知能や軽度知的障害の人は大人になってから診断を受ける場合もあります。なぜか勉強ができなかった、なぜか社会に出てからのけ者にされた、そして病院に行ってみたら発達障害があって、さらに知的障害も併存していますと言われて、泣き崩れるというパターンだったりします。そういう人の話を聞くと自分の人生とすごく重なっているように感じられて、「それは泣くよね」と思うんです」

発達障害はできることとできないことの差が大きい「凸凹の障害」と言われる。だからこそ、発達障害の人が社会に馴染むために定型発達の人が行なうべきフォローは「合理的配慮」と、「適材適所」に身を置かせることとなると言われる。しかし、発達障害者と定型発達の人に決定的な分断はないと横道さんは語る。

「発達障害者には「適材適所」が必要だとか言ったりしますが、そんなのは定型発達者も一緒です。誰でも得意・不得意があって、「適材適所」のほうがいいに決まっているわけですよね。エレベーターやエスカレーターは足が悪い人や妊婦さん、高齢者などにとってはありがたいですが、健常者も荷物が多いときや疲れているときはエレベーターやエスカレーターを使いたくなりますよね。バリアフリーになった結果として、私たちは身体障害者ではないけれど恩恵を受けています。そういうふうなことが発達障害者にもできないかなと思っています」

障害には「医学モデル」と「社会モデル」という考え方がある。医学モデルとは、障害を個人の健康状態から引き起こされた問題として、治療を必要とするものである。一方で社会モデルでは、障害は個人に帰属するものではなく、社会環境によって作られたものとする。後者における「障害」とは、たとえば車椅子に乗った人が階段を登れない場合、エレベーターを設置すれば解決するとも言える。社会の環境が変われば、障害の問題もまた解消されるはずなのだ。

また最近では、発達障害は「ニューロ・ダイバーシティ」（脳の多様性）であるという捉え方も広まりつつある。ニューロ・ダイバーシティとは、発達障害を「障害」として捉えるのではなく、「神経系の多様なあり方」として捉えて尊重していく考え方である。そして、定型発達の人でも多かれ少なかれ凸凹がある以上、ニューロ・ダイバーシティという概念はあらゆる人々を包含するものだ。全ての人の多様性が尊重される社会をめざすキーワードと言えるだろう。

†「ガラス張り」になっていく大学

最後に、現在の大学のありかたについても話題を向けてみた。

横道さんは学校のシステムと折り合いがつかない小中学生だった。唯一伸び伸びと過ごすことができていたのは夏休みで、算数ドリルなどの問題集を解くタイプの宿題は早々に終わらせて、その後の約30日間は自由研究の時間に充てていた。自分のペースで課題に取り組めるところがよかったのだろう。やがて大学教授となったときには、自分が嫌っていた教育制度の側に回ることへの葛藤もあったという。

前章で取材してきた当事者たちが語っていたように、大学という場所は、それまで生きづらさを抱えてきた者の多くにとって、外の世界とは異なるアジールのような場になっていたはずだ。私自身、小中高と生きづらい思いをしてきたが、大学は集団行動をする必要もなく、自由気ままに好きな勉強だけしていればいい点が天国のようだった。ところが今は事情が変わってきていると横道さんは語る。

「私は若い頃、そこらじゅうでものを食べながら歩いていたんです。大学に就職して、大学構内でもものを食べながら歩いていたら、「横道先生、それはやめましょう」と注意されてしまいました。でも誰も歩き食いはいけないというルールを掲げてはいないですよね。だから私は今でも家や研究室内では歩き食いをしています。暗黙のルールが分からないので、家や研究室内などの他人がいない場所でガス抜きしています。

私が若い頃はサークルの部室で飲酒をしてどんちゃん騒ぎをしたり、寝泊まりをしたりというのがありましたが、何年か前に急性アルコール中毒によって亡くなった学生が出てしまって、勤め先でも学内での飲酒が禁止になりました。昔だったら先生たちもコンプライアンスなんかほぼなくて、入学したら教師たちが飲み会を開いて、学生が18歳でもお酒を勧めてくるなんてこともありましたが、今そんなことをしたらニュースになってしまいます。学内が禁煙の大学も多く、私はタバコ嫌いだから困らないとはいえ、どんどんスペースが放逐されていっていることには疑問もあります。コンプライアンスの強化がもたらすものは大きいかもしれませんが、失われたものについての冷静な検証も必要なはずです。大学院は京大だったのですが、最近はいつも「立て看」で騒ぎになっているので、その問題も気になっています。

私の勤務先の大学は、建物全体がガラス張りになっていて、中が見えるようになっています。「さすがにこれはちょっと」という意見も多く、要求を出してカーテンをつけてもらいました。京都府が出資者なんですけど、なるべくガラス張りにすることで、よくわからない怪しい者が入ってこられないようにしたいのだと思います。それにしてもこのガラス張りの上に、入居した最初の夏は冷房もなかったので、私がいる最上階の四階では気温が50度に達しました。建設計画の頃から、私たち教員はこの事態を不安視していたので、「やっぱりか」「狂気の沙汰だ」と言いあっていました」

「ガラス張りの校舎」が象徴するような「透明性」が求められる背景には、コンプライアンスを重んじる昨今の風潮もあるだろう。かつては外界から隔てられた空間だった大学が、「合理的」な場所に性格を変えつつある。

「もちろん障害のある方をサポートする意味での「合理的配慮」は必要なのですが、それとは別に、物事をなるべくシンプルに合理的にしていこうという圧が強まっていると思うんですよね。そこについていけていない学生はいるんじゃないかと思います。

近代社会において、マニュアル化や規格化によってどんどん合理化が進んでいったことで結局、人間が自分自身をシステムのいわば「鉄の檻」に送り込んでしまうということがあちこちの先進国で起こったわけですよね。

大学で言うと、「選択と集中」を20年やってきた結果、研究にはお金を投資しないということになりました。その結果、20年間で日本の研究力が下がってしまった。結果が出るかどうか分からないところに投資していた時代のほうがかえって研究力が高かったわけです。少子化も迎えていて、予算が減って、体力がなくなっていく。できることが減っていくわけです。そしてそれはやはり学生にとってもすごくしんどいのではないかと思います」

第4章

アイデンティティと現代社会と発達障害

――精神科医　熊代亨さん

「高学歴」というテーマについて考えるうえで学校制度の内側にいる立場からの視点を探っていったように、「発達障害」について考えるならば、医療に携わる側からの視点にも触れる必要があるだろう。発達障害をめぐる状況は過去数十年間で大きな変化を遂げてきた。かつては限定的だった発達障害に関する知見が広まり、関心が高まっている。医療の進歩もまた発達障害の診断や支援体制の向上に繋がっているはずだ。

こうした社会状況の変化にはどのような背景があるのだろうか。また、これらの変化にもかかわらず、本書で取材してきた当事者の多くは、それぞれの適性や抱える問題に対して心から納得できるような支援や理解を得られているかといえば、そうとは言い切れないだろう。ならばそこにはどのような高学歴発達障害者に特有の課題があるというのだろうか。

ここでは、医師として地域精神医療に従事するかたわら、現代人の社会適応をテーマに独自の視点から発信を続ける精神科医の熊代亨さんに話を伺った。「精神科医が精神科医らしい立場で述べるべきこととは少し異なったお話にはなりますが」とことわりを入れながらも、高学歴の発達障害者が自身のアイデンティティと向き合っていくことの困難や、日本社会や医療のあり方の変化を指摘した。

†低学歴のほうが生きやすい？

「『精神科治療学』2017年12月号（星和書店）の《大人の発達障害》という特集の中の座談会で、信州大学の本田秀夫先生が「自分が治療に携わってわりとうまくいくのは高卒の人だ」とおっしゃっているんです。どちらかというと大変なのは学歴がある患者さんのほうであると。

学歴がない方の場合、知的障害を合併していたり、境界知能の方も比較的多く、こうした方が就労継続支援事業におけるA型事業所（雇用契約を結んだ上で一定の支援がある職場）やB型事業所（雇用契約を結ばずに、就労訓練をおこなうことができる職場）、およびそこから派生する一般就労に馴染む可能性はかなり高いです。本人の自己イメージも比較的それに沿っているし、親御さんをはじめとする周りのメンバーが本人に期待するものもそんなに高くありません。そういう意味では本田先生のおっしゃる通りだなと思います。

一方で、学業で優秀な成績をおさめている子には、やはり周囲も期待を寄せるところがあります。「末は博士か大臣か」という古い言葉がありますが、まさにそういった「何者かになるであろう」という期待です。そうした自他からの視線の中で育つことによって形成されたアイデンティティや自己像に対して、ズレが生まれやすいのが高学歴発達障害の方のひとつの問題だと私は感じています」

もともと学歴がなければ、ある意味あきらめがつく部分がある。支援の形もその人に合っている場合が多い。一方で高学歴だったり高ＩＱの発達障害者は、その支援がミスマッチを起こしてしまう可能性があるようだ。

「過去に私が診察した方で、ＩＱが１２０もあるのに大学には進学せずに高専へ進学し、ガテン系の肉体労働を主とした仕事に就いてミスマッチを起こし、退職された方もいました。福祉サイドも学歴の低い発達障害の方にフォーカスを合わせている傾向があって、そういった方の支援は比較的スムーズに進んでいくのですが、ＩＱが高すぎる人は私たちもなかなか支援を進めていくのが難しいものなんですよ。

低学歴であれば、福祉的就労も含めてそんなに要求水準の高くないところに家族も当人もある程度、「この子だったらこの程度やればいいかな」といった目線で成長を見守っていくことができますが、高学歴の発達障害の方は「そうは言っても、勉強はできるんだから」ということで、どうしても高い希望を持たれがちです。

それに、本人の自己イメージも「本来、自分はこれぐらい」というハードルが高く設定されやすいと思うんです。事実、プライドを高く持った方をお見かけすることはままあります。そういった方々が大学に入るか、または就職するかぐらいまではなんとかうまく適応できたとしても、卒業後に勉強以外のところが立ち行かなくなって不適応をおこしてしまうと、自分の立場と本来かくあるべきと想像していた立場とのギャップがとても大きくなります。

そこで、単に目の前の福祉的な支援を受けながら、とにかくなんでもいいから社会に適応しようというのではなく、ある種の心理的な「折り合い」が必要になってくるのが、高学歴発達障害の方にありがちな問題ではないかと思います」

†アイデンティティが負い目に変わる

熊代さんは『何者かになりたい』（イースト・プレス）など、現代人の揺れるアイデンティティに迫る危機についていくつかの著書を発表している。この本の中では、アイデンティティを「「自分はこういう人間である」という自分自身のイメージを構成する、一つひとつの要素」と定義している。高学歴の発達障害についても「アイデンティティがついていかない」とその問題点を語った。

「学生の頃までは「そうは言っても私は○○大学に入学できている」と考えることで自分の自己像に箔が付いたものでしょう。でも、卒業後はその箔が剝奪されます。むしろ、「私は○○大学を出ているのにこんな仕事しかできていない」というネガティブな形で、それまで自分を形成していたアイデンティティの構成要素だった学歴が、かえって負い目になってしまう。それはよくある、そしてなかなか理解を得られにくい生きづらさだと思います」

就労継続支援などの福祉サービスを通してではなく、障害者雇用枠で働くという手もある。これについてはどのように考えられるだろうか。

「たしかに障害者雇用を通して満足のいく職場に巡り合って、その中である程度キャリアを積み重ねていかれる方も中にはいます。ですが、有名大学を出た同輩たちと同じような社会的地位や収入が得られるかと言ったらそれは違います。そうなったとき、高い学歴を持ってらっしゃるがゆえに、かえって自分の境遇になにか納得いかぬものを感じる人は結構いると思うんです。

ただ、「自分は不満だ」とはなかなか言い出しづらいものでもあります。昔に比べても、支援を受けている若い患者さんが「本当はもっといい職場で働きたかった」みたいなことを私にこぼすことが減ったように感じます。それは私が年を取って、患者さんにとって年代の近い先輩的存在の医者から、「お医者さんらしいお医者さん」へと距離感が変わったことも一因としてあるかもしれません。しかし距離感によって言えないことがあるということは裏を返せば、支援してくれる医療者や福祉の担当者に「自分はもっといい職場で働きたい」などと言うことは、心理的なハードルがあるということではないかと感じています」

†自己像に沿った支援を受ける難しさ

「ですから、困っている方が支援を受けることにもちろん賛同しつつも、しかし一方で、アイデンティティ形成という観点から見て、医療や福祉を受けることと引き換えに当事者の方が支援の枠組みにある種、はめ込まれていってしまうような側面があるのではないかとつい感じてしまうんです」

支援を受けることによって当事者が本来持っている特性がそのまま発揮できない状況が生まれるとはどういうことだろうか。それでも本当に困っている人にとっては支援があるほうが生きやすいのではないだろうか。

「例えば、被支援者の多くは就労継続支援事業などの福祉的支援を通じて就労していく。そして医学的なサポートを受けて、周囲の理解も獲得していくことによって、成人後も社会の中で生きていき、社会貢献もしていくといった道筋をつけていくことができます。ＡＤＨＤの方がコンサータを処方してもらって生きやすくなったり、大学や保健機関のサポートを受けたりする。その方たちが親になったときには、地域の支援を受け、苦手を補ってもらいながら子育てしていく。どれも一般的に見れば発達障害の方の生きやすさを補っていると言えるし、この社会の中でより生きやすい状況を作っているとも言えます。

ただ、それで全員が願ったり叶ったりと心の底から感じられるような状況を享受できているのかと言ったら、私にはそうは見えません。現状として、高学歴の発達障害の方が元来自分の持っている才能や能力、積み上げてきた学歴や自負にふさわしい働き方や社会貢献の仕方を医療や福祉が提供されているかというと、私にはそう見えないんです」

地方で地域精神医療に従事する立場から、都市圏とそれ以外の地域における支援の受け方にも格差があるのではないかとも指摘する。

「東京のような潤沢な支援のリソースが揃っているところならそれなりに可能性はあるかもしれません。しかし地方では自己像に沿った支援が得られるかどうかは難しいところでしょう。現状の福祉システムの中でそういった方々が本当に納得できる形で個性や特性を発揮した働き方にたどり着いているかというと、私はまだ不十分ではないかと感じています」

以前、名古屋に住む発達障害の方を取材した際、「名古屋には発達障害を支援してくれる場所がない」と訴えられ、困りごとが発生するたびに昼夜問わず何度も電話がかかってきてしまったことがある。福祉や医療のあり方に地域によって差があるのは実感できるところだ。

†人は急には変われない

では、アイデンティティとはどう折り合いをつければいいのだろうか。

「これは簡単じゃないですよね。ある時期までエリートの端くれだと思っていた人が、いきなり海岸掃除の仕事することになって納得できますか？　と言ったらそれは簡単じゃないですよ。メンタルをこじらせて適応障害やうつ病になるかもしれないし、周囲との社会関係をこじらせるかもしれません。

例えば、海岸掃除の仕事を納得ずくでやっている人と、不満そうにやっている人では同じ作業をやっていても態度に差が出ますよね。そうなると周囲との関係も多分うまくいかなくなってしまう。だからアイデンティティの問題というのは、実際に社会適応や社会関係の問題とも繋がっていて、重大な問題だと感じています。

　ではどうすれば折り合いをつけられるのか。いわばアイデンティティに〝ヤスリ〟をかけて丸く小さくすることですが、まず考え方として、「人は急には変われない」が原則です。例外もありますが、急にはアイデンティティの路線変更はしづらい。変化は「ちょっとずつ」が妥当であり、時間がかかるものです」

　人はなかなか変われない。生きづらさの苦しみを抱える人にとっては耳の痛い現実ではある。あとから変わることが難しいからこそ、自分がどのような性質のある人間で、どのような得意不得意があるのかをよく理解しておくことが大事なのだろう。

「子どもの頃から学業では優れていても、社会関係の部分ですごく弱みや苦手があるということを踏まえて、天狗にならないようにするというか、学歴を鼻にかけないようにするのが処世のあり方として結構重要になります。そのためには自身の発達適性の早い段階での把握は肝要です。

　悪いことに、親もご本人もそうですが、学歴だけが良くて他が優れないとなったとき、学歴をプライドにして鼻にかけたりしてしまうことがあります。「アイデンティティは学歴だけ」みたいになってしまうと大変ですよね。研究職などのアカデミックな世界では学歴をアイデンティティの中心にしてキャリアを歩んでいくのは似合いかもしれませんが、実社会ではそううまくいかないでしょう。そもそも学力を鼻にかける態度は無用の反感を買いやすく、それだけで世渡りが難しくなってしまいます」

†「何かできるはず」と思うことも大事

「ただし一方で、「自分には何かできるはず」「秀でたものがあるはず」といったアイデンティティを持つことには可能性もあるんですよね。ここも高学歴発達障害の方のアイデンティティの形成戦略としてかなり難しいところです。鼻にかけない方がいいのは事実だけれど、突き抜けてしまう可能性も確かに存在している。実際に高学歴発達障害の方の中には様々な業界ですごい活躍をしている方もいらっしゃいます。そういう人はそれでかまわないわけです。

だからたとえば「この子はそんなに総合的に見れば伸びないから」とか、あるいは当事者自身の方であれば「私は勉強はできるけどコミュニケーション能力が低いから」とか、「空気が読めないから多分私は社会に出てもそんなにすごい仕事はできない」とか、自分は将来性がないという自己イメージを持ったり、自己評価を低くしていいかといったら決してそうでもありません。他人より秀でたものがあるという自負が原動力となって飛躍する可能性だってある。だからこそ、どうバランスをとっていくべきなのかということが、低学歴の発達障害の方とも定型発達の高学歴の方とも違った、ユニークな考えどころではないかと思います。

人によっていろんな考えがあるでしょうけど、発達障害があるから何事もあきらめるとか挑戦しないというのはやっぱりナシだと思うんです。発達障害があっても自分にできる範囲でどこまでいけるか常に考えて、支援を受けることだってひっくるめて、いけるところまで行ってみる姿勢は忘れちゃいけないと思います」

学歴を誇ることだって重要なアイデンティティの要素となり得る。自分の能力を認めつつ、謙虚な努力も欠かせない。当たり前といえば当たり前だが、大切なことだ。「その人の取り柄として、学歴を鼻にかけたっていいと思うんです。先ほど申し上げたことと私は矛盾したことを言っています。でも、どちらも真実だと思うんです。

アイデンティティの問題においては、矛盾を矛盾として退けるべきではありません。矛盾とどう折り合って、その人なりの正解を解くか。それこそが幼児期、思春期、成人期それぞれの年代のアイデンティティの発達課題であるというのが、発達心理学者のエリク・H・エリクソンの基本的な考え方です」

†コモディティ化した現代の生きづらさ

やがて話題は「生きづらさ」が取り沙汰される社会のあり方へと展開していった。発達障害に関して言えば、ここ20年ほどの間で〝ブーム〟が巻き起こった。その背景には何が存在しているのだろうか。

「人間のコモディティ化(一般化)が進んで、誰もが誰とでもコミュニケーションできるあり方を要請されるようになりました。同時に、社会通念や習慣のレベルでも、横並びからのはみ出しは良くない、あるいはイレギュラーなことには容赦しない方向に年来傾いてきたのが先進国社会の基調だと思うんですよね。

社会において少しはみ出してしまう人は、かつて昭和時代の頃は大きな問題にならなかったかもしれない。けれど、この令和時代においては、そのままでは会社や学校にいてはいけない問題のある人としてクローズアップされるようになってしまいました」

熊代さんの著書『健康的で清潔で、道徳的な秩序ある社会の不自由さについて』（イースト・プレス）によれば、昭和はそこらじゅうで喫煙をしている人がいたり、子どもが危険な遊びをしていたりと、社会全体がある意味で寛容だった。しかし、やがて社会全体の風潮が厳しくなってきて、路上で喫煙する人や道端で遊ぶ子どもを見かけることはなくなりつつある。

「昭和時代の学校は、今でいう特別支援学級に入るような子どもがたくさんいて、ワイワイギャーギャーとカオスな世界が作られていました。わかりやすいのが『ドラえもん』のジャイアンとのび太です。医療的な目線では、ジャイアンとのび太は発達障害だと言われるでしょう。そしてこんにちの令和時代の目線では、ジャイアンやのび太はクラスに適応できないので、支援の対象とされるべきです。

しかし、ジャイアンやのび太のような人は昭和の時代では医療や福祉の支援対象として見なされないのが当たり前だったんです。学校だけじゃありません。職場にもそういう人がいて、そういう人は窓際族などになっていました。そういう人がいてもなんとかやっていたんですよ。

暴力に対する受け止め方も変わりました。発達障害で空気が読めなくても、竹刀を持った強面の体育教師がウロウロしていたらそのメッセージは伝わるんですよね。ときどき、悪いことをしている生徒がいたら竹刀で小突くこともある。それは今だったら体罰であり、到底容認できないものですが、コミュニケーションのツールとしては発達障害の方でもわかる極めてシンプルなものです。

そういった意味では、昭和の時代に発達障害の方や知的障害の方が巷にいっぱいいて働けていたということと、身体的なコミュニケーション（暴力）が流通していたことはパラレルな関係にあると感じています。今の世の中は全て言葉で伝えないといけないですよね。狭い意味での暴力を含まないコミュニケーションで全て解決しなければならない。言葉だけでなんとかしようと思ってもなんともならない人がたくさんいるのは分かる気がします」

　また、社会規範の変化については人々の健康リスクの変化もあると語る。現在、健康リスクに関する知見の浸透により喫煙者は少なくなっている。私の両親は若い頃、タバコに健康被害があると知らずに喫煙していたという。母いわく、「大人になったらタバコを吸うものだと思っていた」という。そのうち「タバコは健康に良くない」という知識が広まり、両親はタバコを辞めた。

「健康の通念について昭和の頃を思い出すと、リスクに対してみんな鈍感でした。健康リスクという考え方はわりあいに新しいものなのです。コレステロールや血圧に注意を払ったり、適度な運動やバランスのとれた食事をとるべきだという考え方自体が珍しいものでした。医師による指導や治療をきちんと受けるようになって、1950年代には男女ともに60歳前後だった平均寿命は、2010年には男性が約79歳、女性が約86歳と大きく伸びています。

　また、リスクに関して言えば、子どもの外遊びで事故に遭って亡くなる子も珍しくありませんでした。未成年が事故や事件に巻き込まれる割合が、人口10万人あたりで割合として現在より昭和のほうがずっと多いんです。昭和の子のほうが拐われたり事故に遭ったり、時には殺されていました。

でも、それはそういうものだとみんなが思っていた社会だったんです。しかしそれではダメなんじゃないかと考えられるようになり、啓蒙してきた人たちが現代を形作ってきました。

こうやって社会の規範が変化したことに対応できない人たちとして、「発達障害」が浮かび上がってきた。発達障害は治療しなければならない対象になったとも言えますし、社会が人間をふるいにかける度合いがひどくなったとも言えます」

もちろん、昭和の時代がユートピアだったわけでは決してないだろう。当時には現在の観点からすれば看過することのできない問題があったはずだ。ただ、今なら「発達障害」と呼ばれるような人が社会の中に溶け込めるだけの余地はあった。それがだんだんと、言うなれば「まっとうな人間」の基準が高まっていたのだ。

†産業構造と発達障害

「昭和のままの世の中では暴力によって弱い者が傷ついてしまうし、少なくとも今の私たちの基準から見て許しがたい様々な問題が過去の規範や模範の体系には含まれていたわけです。それと真正面から向き合っていくには学校も医療も社会も、今の規範や模範の体系へと変えていかなければならなかった。

こうした変化を一概に否定はできないのですが、変化が徹底されたことで昭和時代の規範や模範の体系でははみ出さなかった人でもはみ出してしまうようになった。まさにそうした人たちをなんとかすることが医療に期待された、あるいは要請されたということです。発達障害という概念がブームになったことはある種必然だったと思います。

こうした社会規範の変化の背景には道徳や健康に対する通念の変化のみならず、資本主義との関係もあります。資本主義において人間は、流動性が高く、より効率的、生産的であることが期待されます。第三次産業がメインの新しい産業社会に変わっていかなければならない問題ともリンクしています」

障害学の研究によれば、身体に障害を持つ人が「障害者」として区別されるようになったのは産業革命が起こったことと関係しているのだという。それ以前は障害のある人にはその人にできる仕事が与えられていたのが、産業革命により、多くの人が工場で同じ作業を同じクオリティでやらなければならなくなってしまった。発達障害が取り沙汰されるようになった変化には、産業革命の頃のこうした変化と似た構図があるのではないだろうか。

「産業革命の後に障害者の働き先がなくなったかというと断言するのは難しいところで、常々変わってきたという表現の方が適切かもしれません。第二次世界大戦が終わり、高度成長期ぐらいまでは工場の仕事がたくさんありました。工場の仕事や駅で切符を切る仕事などはASDの人が向いていることがままあります。また、職人にもASD気質の人が多いです。そういう意味では産業革命はある時期、発達障害の人に優しい部分すらあったようにも私は思います。

ただ、産業構造が変わって、例えばサービス業などの第三次産業の割合が増えれば、ADHDやASDの人が農業や漁業といった職に就ける確率は減っていきますよね。そういう人たちでもデスクワークをしなければならなくなる。第三次産業が台頭していくにつれて人間同士のコミュニケーションをする必要性が出てきて、どんな職場においてもうまく溶け込まなければならないといった要請が労働者の側に立ち上がってきます。

そうなると、発達障害の方々はこの新しい状況についていけなくなりやすい。こうしてＡＳＤの人は自分にぴったりのリピート作業を奪われていった経緯があるのではないでしょうか」

第5章

当事者に対する支援の取り組み

最後の章では、発達障害当事者に対する支援の形を考えるうえで、その現場に携わる方々に目を向けていきたい。ひとつは、大学における発達障害支援のひとつのケースとして、筑波大学の取り組みを紹介していく。

難関国立大として広く知られる筑波大学は、全国障害学生支援センターが実施する「大学における障害学生の受け入れ状況に関する調査」をもとにしたランキングにおいて6位に位置づけられており（『大学ランキング２０２３』より）、学生支援に力を入れる有数な大学のひとつだ。今回は、筑波大学准教授であるとともに、ヒューマンエンパワーメント推進局の業務推進マネージャーを務める佐々木銀河さんに取材に答えていただいた。

さらに、多くの当事者がなんらかの苦難を抱えていた就労における支援の現状についても紹介していきたい。就労移行支援団体は公共職業安定所（ハローワーク）を筆頭とした行政機関、社会福祉法人、非営利組織、営利組織などさまざまなものが存在するが、今回は発達障害に特化した障害者雇用支援サービスを展開する株式会社Kaienの代表取締役、鈴木慶太さんへと取材を行なった。

学生たちと作り上げる、学生のための支援

筑波大学ヒューマンエンパワーメント推進局　佐々木銀河さん

✝合理的配慮の義務化

自閉スペクトラム症や注意欠如・多動症、限局性学習症といった発達障害は、見た目にはそうとわからないために、高等教育機関においても本人や周囲の気づきが遅れやすいことや、そのニーズの多様性ゆえに適切なサポートの方法がわかりにくいことなどが指摘されてきている。

筑波大学が力を入れる発達障害の学生向けの支援は「発達障害学生支援プロジェクト」と呼ばれ、2015年に発足した。翌年には障害者差別解消法が施行、発達障害者支援法が改正され、国公立大学等の公的機関では合理的配慮が義務化されており、障害と包摂をめぐり大きく世の中が動いていくタイミングだった。

「合理的配慮」とは、当事者が抱える困難に対して、個別の対応を行ない、周囲の環境調整を図ることだ。個々の特性に応じて、また大学であれば授業や活動などによって提供することのできる内容はケースバイケースであり、具体的な例は多岐にわたるが、たとえば補助器具の使用を許可したり、講義室内での座席位置を配慮したりなどといったことが挙げられる。

筑波大学ヒューマンエンパワーメント推進局（BHE）の佐々木銀河さんは「法改正をきっかけに合理的配慮の体制の整備を進める大学は年々増えている」と語る。BHEは、学生や職員を含む「ひとりひとり」の「人のエンパワーメントを推進する」ことを理念に掲げ、ダイバーシティ推進と障害学生支援等において実効性のある仕組みの構築を目指すべく設立された組織だ。ジェンダー支援チーム、キャリア支援チーム、アクセシビリティ支援チームに分かれており、発達障害支援はアクセシビリティ支援チームの管轄に含まれる。

「私はBHEの業務推進マネージャーでもありますが、本業は発達障害を専門とする研究者です。筑波大学は障害科学類という学科が設置されており、古くから心理学的、教育学的、福祉学的な研究と教育に取り組んできた大学です。研究や教育のみならず、学生支援の実践にも関心のある先生が多かったことは、支援体制を構築するうえでも大きな要素であると思っています」

†どのようなことに困っているか

「大学において困りごとが発生する場面としては、まずは「入試」が挙げられます。特にLDと呼ばれる学習障害は、読み書きや計算に困難が生じる障害です。そこで合理的配慮として、試験時間の延長、別室受験、座席位置の指定、点字による受験、筆記のためのパソコンや視覚補助具、補聴器など特別な道具の持ち込みなど、その方のニーズに応じて対応します。

2つ目は「入学後」で、たとえば履修計画において捌ききれないほどに授業を入れてしまったり、授業で先生の話を聞きそびれたり、周囲から浮いてしまい知り合いが少なくさまざまな相談事ができなかったり、といった形です」

私自身、大学に入ってすぐに苦労したのが時間割を組み立てることだった。当時はまだ診断が下りていなかったものの、数字の計算が不得意であることと不注意傾向があることはわかっていたため、単位の数え間違いを恐れて確実に卒業できるように多く単位を取る方向で時間割を作っていた。こうした悩みについて、専門スタッフと呼ばれる教職員からどの単位をどれだけ履修すればいいのかといったアドバイスを受けることができる。

また、学科によっては実習や実験、演習などがある。ただ講義を聞くだけではなくコミュニケーションスキルなどが求められるので、発達障害のある学生にとっては見通しがつかず、特に困難を感じるという方が多くいるという。

「3つ目は「就職活動」です。就活それ自体の大変さもありますが、就職活動をやりながら授業を頑張るという、同時並行の作業が実に難しい。就活のスケジュールも最近前倒しになってきているので、勉強が追いつかなくて就職活動が先送りになってしまって、やっと追いついたと思ったら就活には乗り遅れているとかいったことも少なくありません。

そして4つ目が「卒業研究」になります。抽象的に考えることや自分でテーマを見つけるような課題が極端に苦手な方もいらっしゃいますし、スケジュール管理ができず、全体を見通した計画をたてられなかったり、進捗を自分で管理することが難しかったりする場合があります」

大学生になってから「自分は何かおかしいのではないか？」とはじめて気づく学生も少なくない。ＢＨＥには、知的能力や発達障害の傾向を調べるアセスメント（心理・知能検査）を受けることができる部屋がある。

「専門のスタッフからの質問やアンケートに答えたり、色々な課題やクイズに取り組むというものです。あくまで傾向を把握するものなので医学的診断ではありませんが、学生は誰でも利用ができますし、病院に行くことに抵抗がある方でも気軽に利用いただけます。アセスメントを受ける部屋の配置も講義棟とは別棟になるので、他の学生と顔を合わせてしまうことはあまりありません。それでもやはり躊躇されるような学生さんや、通うことがなかなか続かない方もいらっしゃるので、解決につなげるためにはまだまだ課題があります」

✝機器や情報ツールの提供

「他にも、例えば聴覚過敏のある学生にはイヤーマフやノイズキャンセリングイヤホン、ヘッドセットといった機器の貸し出しを行なっています。録音機能付きのペンや付箋スケジュール付きボードといったツールもあるので、気軽にお試しで使ってみていただいています。お金のない学生さんもいらっしゃるので購入を勧めるのではなく、まずは借りてみて、本当に役立つようなら検討してもらえればと考えています」

私自身、ノイズキャンセリングイヤホンを使用したことがあるが、仕事中につけると外を走る車の音や雑音などの余計な音が遮断されて原稿執筆に集中できた。

「また、ラーニングサポートブックという情報ツールを提供しています。これは発達障害のある方がもつ独自の視点や経験に関する情報を収集し、学業や生活に役立つ情報を配信する電子書籍のようなもので、学生、教職員、発達障害当事者が共同で制作しました。例えばノートやメモの取りまとめや、スケジュール管理の仕方はそれぞれ人によってやり方があります。やる気や集中力をあげたり、睡眠リズムを整えるといったこともいろいろなコツがありますよね。独自の工夫が必要な方もいらっしゃるので、役に立ちそうな工夫を試してみることができます」

内容は発達障害者に向けたものとなっているものの、名称や利用対象者に「障害」という言葉は用いていない。試験対策やレポートの書き方、学業と趣味や生活との両立の仕方、コミュニケーションの取り方など、興味深いコンテンツを誰でも閲覧することができるため、障害のない学生も数多く利用しているのだという。さらにユニークなことに、他の大学や専門学校といった高等教育機関にもサービスを提供しており、各大学等からの「共同利用申込書」の提出によりラーニングサポートブックを利用することができる。

†学生たちと作り上げる支援と情報発信

ツイッター（現X）を通じた情報発信をはじめ、広報活動も盛んだ。そのひとつに、BHEの職員であり発達障害当事者でもある「ダックスさん」が描いた啓発漫画「ヒトはそれを『発達障害』と名付けました」がウェブ公開されている。イヌやネコなどのかわいらしいキャラクターに発達障害の特性を持たせ、丁寧に解説していく。作者はもともと筑波大学の学生で、漫画を描くのが好きだったことから作品を発信していくことになったという。漫画は評判となり、2022年に金子書房より書籍化もされた。学生支援において、担当者を設けるほど広報に力を入れている大学はそれほど多くはないという。

さらに、大学進学を希望する発達障害のある高校生に向けた「大学生1日体験講座」といった取り組みも行なう。

「大学生活を具体的にイメージできるように、模擬授業や履修計画の作成を体験したり、先輩の発達障害当事者の大学生活体験談を聞くことができる講座です。志望する大学は筑波に限らずどの大学でも大丈夫です。コロナ前は対面のみでしたが、2020年からオンラインで行ないました。筑波は交通に便利な土地ではないので、地方の方にとってはオンラインで体験できるのはメリットが大きいようです。

定員は10名までに制限させていただいていますが、なぜかと言えば、参加者ひとりひとりに大学生のメンターが割り当てられるんです。メンターの中には「ピア・チューター」という有償のボランティアがいます。筑波大は教師を目指す学生も多く、障害に関心をもっているので、学生中心の支援活動を進めていく目的でこの制度が設けられています。ピア・チューターになるには自由科目の「障害学生支援技術」を履修したうえで、視覚障害、聴覚障害、発達障害といった形でコースに分かれた集中講義を受けてもらいます。

先ほど紹介したサポートブックも学生たちと作りあげていたように、専門家ではなく学生ならではの視点で、多面的な支援活動を私たちと一緒に進めてくれています」

これらの活動に参加するのは福祉系や教育系学部の学生だけではなく、ＩＴやＡＩの技術がユーザーにどのように利用体験をもたらすかに関心を持った理系の学生も多く応募してくるという。漫画を描いたダックスさんのように、当事者としての経験を活かす人もいる。「得意を活かして仕事を新しく創ることも大事」と佐々木さんが語っているように、自分にできることを持ち寄ってプロジェクトに参画することは、学生にとって自信と手応えにも繋がるはずだ。

†「障害」という枠組みをどう捉えていくのか

最後に、今後の課題について語っていただいた。

「ひとつは大学卒業後の問題です。大学はいつか卒業していく場所であり、ほとんどの方はいつまでもい続けるわけではありません。社会に出ていくまでの通過点であり、その先を見据える役割があると思っています。大学という場を経てどのように就労へと接続していけるのか、私たちはどんな支援ができるのかを考えていくことが大きな課題だと思っています。

もうひとつは発達障害に対する考え方です。特に、いわゆる発達障害のグレーゾーンと呼ばれてきた人たちにどう対応していったらいいのか、対応するリソースがあるのかという点は大学関係者がぶつかっている壁で、相当悩んでいるのは肌感覚でも常に感じています。「障害」という枠組みをどう捉えていくのか。本当に人それぞれの多様性をどうすれば尊重できるのか、言葉だけじゃなく追求していきたいです」

発達障害学生の数は年々増加しており、今後もさらに増えることが見込まれている。

そして発達障害のあり方、社会のあり方は決して固定的なものではなく、今後も変化していくだろう。筑波大学のような取り組みを通じて、ひとりでも多くの当事者が感じている生きづらさを軽減できる社会が実現できることを願っている。

門戸は広がっている
株式会社 Kaien 代表取締役　鈴木慶太さん

†発達障害支援に関するあらゆるサービスを手掛ける

２００９年創業の株式会社 Kaien は、発達障害に特化した障害者雇用支援サービスを展開する営利企業だ。厚生労働省の法律に基づく障害福祉事業を各都道府県等の認可を受けて、直営事業所、パートナー事業所を併せて２０２３年６月現在で68カ所にのぼる拠点を全国で運営している。

「立ち上げたきっかけは、ＭＢＡ留学で渡米する2日前に、当時3歳だった息子に発達障害があると判明したことでした。混乱しながらも向かった留学先で障害について理解を深めていく中で、「発達障害人材の雇用を支援するビジネス」の理想的なロールモデルに出会ったのです。その会社の従業員は約7割が自閉症スペクトラムの人たちなのですが、優秀な働きぶりを発揮し、黒字経営を行なっていました。数カ月後には訪問してお話を伺ったところ、創業者の息子さんがやはり発達障害で、同じ気持ちを共有している人がいることがうれしく、自分自身が起業する力にもなりました」

Kaienが手掛ける支援の裾野は広く、小中高生向けの学習面、生活面での教育に始まり、生活向上を主眼とする自立訓練では知識として障害を理解することを通じて、朝起きてから夜寝るまで安定して生活できるスキルを身につけたり、他人との付き合い方、就職などといった社会参加について、トレーニングや相談、助言を提供する。利用者の年齢層は10代、20代が大半を占めるが、30〜50代で活用している人もいる。

就労移行支援では100職種以上にのぼる実践的な職業体験から自身の適職を見つけ出すことができるほか、就活講座、面接練習など、自分の強み・弱みを整理し、スキルを向上させるためのカリキュラムが用意されている。そして発達障害や精神障害に理解ある企業と提携することで、独自の求人を紹介し、企業と当事者をマッチングさせている。就職率は80%を誇り、離職率も低いという。

「発達障害の方々は自分がどういうものに向いているかわからなかったり、あるいはやったことがないことに対して非常に大きな不安があったりします。当社は実践型で、数多くの職種の職業訓練を用意しています。実際に仕事をする前に、自分に合った環境や仕事を探すことができます」

†なんだかんだ能力は高いはず

第2章でも触れたとおり、障害者雇用における発達障害者の平均月収は12万7000円であり、働く人の多くは低賃金に悩んでいる。だが、Kaien の特徴は利用者の半数近くが障害者雇用でありながら、3人に1人は月収20万円以上あることだ。

「賃金が高いのは、就く仕事がそれなりに高度なものだからです。高学歴の方の場合はなんだかんだ言っても他の発達障害の人に比べれば門戸が開いていると言えます。その学歴のおかげで一般枠に就職できる人も少なくありません。凹凸があるぶん、ハマれば強い。

とはいえ、ハマらない場合は出世は望まず管理職にならないなどの形でプレッシャーを排除していきます。賃金ももちろん重要ですし、やりたい仕事の種類にもよりますが、まずは自分の苦手を受け止めてくれる企業という選び方をするので、障害者雇用にたどり着きやすい傾向があります」

高学歴の場合、もともとの処理速度が速い人が多く、別のルートや手段を使うマスキングやカモフラージュといったある種の〝擬態〟ができる能力もある。私の友人の高学歴の当事者は、子どもの頃から字が汚く、書字教室に通っても改善されなかったため、早いうちからタイピングをこなせるようにした。また、大学では講義になかなか出られなかったり、居眠りしてしまうので、出席を重要視する科目を避け、テスト結果を重要視する科目を多く受講するなどの対策を取っていた。

このようなカモフラージュや、仕事をこなすこと、失敗をリカバリーすることも一般的な発達障害者よりは得意だ。のみならず、たとえば出勤するまでの準備支度が早いといった日常的なレベルにおけるアドバンテージがあり、なんとかなるケースも少なくないという。

†擬態は疲れる

ただ留意しておきたいのはこうした「普通っぽく見せかける」擬態に励んでいるうちに常人以上に疲弊してしまうことだ。不安障害やうつなどの二次障害が発症しやすくなるという研究もある。

「健常者なら朝起きて、準備をして、スムーズに出社できますが、処理速度が遅い人の場合、出社準備の優先順位に混乱し、遅刻しがちになってしまいます。

また、就職活動までたどり着けない方も少なからずいます。発達障害はいわば「体調管理障害」とも言えて、就職活動や就労する上での体力的に保たないことが多いです。過敏性が強い人が多く、中にはHSP（Highly Sensitive Person）と呼ばれる医学的には定義されていない症状を自称する人もいるほどで、良い学校に行っていても単位がうまく取れなかったり、卒業できないケースもあります。

あるいは、高校まではある程度やることが決まっていてレールに乗っていれば問題なかったのが、大学に入ってから自分の興味関心も伝えながら周りとコミュニケーションを取らねばならない中で落とし穴に陥って、人間関係をうまく築けず、卒業も危うくなる。すると就職が難しくなります。無事に就職できた場合でも、いずれ先輩社員になったとき、後輩にどう振る舞えばいいのか苦しむケースもあります」

発達障害のある人は、職務内容を定義する雇用契約を結び、仕事の範囲を明確にするジョブ型雇用が合っているのだという。と言っても、日本ではこのような働き方ができる会社は欧米系の外資系企業に限られてしまう。

「高学歴だったとしても、他の発達障害の人と大きな差があるのではなく、生きづらさの性質が若干違うだけです。できないことをなんとかクリアしようと頑張るけど、周りの同じ高学歴で活躍する人がキラキラして見えるので、その比較対象として生きているだけで精一杯になってしまいます。

ある意味、悩みが高度すぎるのかもしれません。ある当事者の方が「来世に期待します」と言っていたことがあったのですが、達観されているなと感じました。自分に合う環境を探していくことが大事ですが、コツは「できないことが目立たない場所」を見つけることです。妥協が必要になることもあるかもしれませんが、門戸は広がっているはずなので、悲観しすぎないでいただきたいです」

†合理的配慮はあらゆる人に関係がある問題

本書で取材した当事者たちのような高学歴発達障害者は、Kaienが提供するような支援を受けるべきかを訊ねてみた。

「支援を受けていただいたら何かしらの発見があるはずです。当社の支援プログラムを通じて、自分がどういった人間で、どうするとうまくいくかを理解することは、障害者雇用のみならず、一般雇用を希望するときももちろん有効だと思います。

ただ、ひとつお伝えしておきたいのは、合理的配慮というものは要請を受けたら事業主側は配慮を検討することが法律で義務づけられているもので、つまりは障害者雇用枠ではない一般枠だろうと受けることができるものなのです。そうした知識が広まっておらず、配慮の要求の仕方を知らない、やったことがないという人はまだまだたくさんいらっしゃいます。

企業側としても、そういった個別の合理的配慮を理解するにあたって、ぜひコンサルティングを活用していただきたいと思っています。昨今、ダイバーシティマネジメントということが言われていますが、発達障害だからといって特別なことはないんです。ＬＧＢＴＱや外国の方、あるいは子育て中や介護中の方、またはがんサバイバーなどの闘病後、闘病中の方も含めて、マイノリティ性のある方にどのように働いていただくのかを考えることとはそんなに大きく変わりはありません。気持ちを聞くというよりも、本人がどういった環境にあって、本人の目線から見てどういった事柄を得意とし、あるいは苦手としているのか。どういった職場環境でどういった仕事をしたときにパフォーマンスが上がるのかといった分析ができることは、どのような職場でも重要でしょう。

マイノリティ性があまりないような方からすると、そういったものが見えづらいとか、わかりづらいということはあると思います。私自身の場合もずっとマジョリティ側で生きてきたので、自分の子どもが発達障害であると判明しなかったら、見えないものだったと思います。だからこそ、こうしたことを知識として入れていくことは、マイノリティとは関係ないと思っている立場にある方にこそ、必要とされていることなのではないでしょうか」

おわりに

世間では「学歴なんて関係ない」と言われることもあるが、個人的には学歴はないよりあったほうが良いとずっと思っていた。なにより、就活で有利だというのもあるし、大学で学んだことは生活を豊かにするだろう。文学部などで英語を学んでいたとしたら、好きな海外作家の本の原文を読めたり、海外映画やドラマを字幕無しで観たりして、楽しみが広がる。法学部で法律学を学んでいたなら、もしも何かの法的トラブルに巻き込まれた際も戸惑わずに済むこともあるかもしれない。

私自身は超高学歴とは言えないが、日本有数の女子大の一つと言える日本女子大学を発達障害を抱えながらも卒業したことを誇りに思っているほうだ。それでも就活の際はとても苦労したし、就職してからもなぜあんな良い大学を出たのに仕事ができないのかと毎日悩み、仕事に行きたくない、辞めたいと思っていた。結果的にはライターという自分にマッチする仕事にめぐり逢うことができたが、今回取材した当事者の方の気持ちは痛いほどわかるつもりだ。なんとか今はADHDの薬（ストラテラのジェネリック医薬品であるアトモキセチン）や二次障害として併発している双極性障害の薬を飲みながら、苦手な計算などはパートナーに助けてもらい、精神障害者保健福祉手帳2級を取得して手帳をお得に使いこなしながら（手帳を取ると映画館や美術館・博物館などの施設の割引がきいたり、税金が一部免除されたりする）、楽しく過ごすことができている。

「高学歴」にプライドを持ってしたたかに生きる人もいれば、その経歴がプレッシャーとなって押しつぶされそうになっている人もいる。あるいは嫉妬を買い、苦労することもある。周りから必要以上に期待されたり、ミスをして陰口を言われるくらいなら、働く上では学歴をあえて隠しておくのもいいだろう。そして自分の中だけで「自分は高学歴なんだ」と自信を持っておけばいいのではないだろうか。どんな形であれ、その人が生きてきた軌跡はアイデンティティを形作り、その人らしさを支えてくれるものなのだ。

同僚や家族、友人など身近に高学歴発達障害の人がいる場合、彼らが高学歴であるがこそ悩んでいるかもしれないことも知っておいてもらいたい。苦手そうなことにぶち当たっているのを見かけた際は、少しだけでもいいので声がけをしてほしい。その声がけも、いきすぎるとその人のプライドを傷つける場合があるので「何か手伝いましょうか?」程度で大丈夫だ。付き合い方に気を遣うかもしれないが、ひとりの人間として見てもらいたい。

なお、日本社会は依然として学歴偏重な部分があるが、すべての企業がそうとは限らない。私が新卒で就職した中小企業の建設会社は高卒や専門学校卒の学生も採用していた。私がレギュラーで執筆している週刊誌の副編集長は高卒である。その出版社も大手に数えられるくらいの立派な会社だが、実力でのし上がれるところだってあるのだ。また、知人の高学歴発達障害者の中には得意な部分を活かして起業をした人もいる。つまりは、当たり前だが、「学歴」や「障害」だけで人生のすべてが決まるわけではないということだ。

ひとことに「マイノリティ」や「マジョリティ」と言っても、ひとりひとりには個別の人生の事情がある。「発達障害者にはこの支援」と決めこむのではなく、その人に合った個別の支援が必要なのだ。通りいっぺんの「理解」ばかりではなく、それぞれの事情にも目を向けていくべきだし、この本がその契機となってくれたら嬉しい。

最後にこの本を書くにあたって、取材に協力してくださった当事者の皆様、京都府立大学准教授の横道誠さん、精神科医の熊代亨さん、筑波大学ヒューマンエンパワーメント推進局業務推進マネージャーの佐々木銀河さん、Kaien代表取締役の鈴木慶太さん、そしてこの本の企画時から、いき詰まったときも支えてくださった担当編集の方便凌さん、最後まで読んでいただいた読者の皆様に心から感謝いたします。

2023年6月

姫野桂

ちくま新書
1756

ルポ　高学歴発達障害《こうがくれきはったつしょうがい》
二〇二三年一〇月一〇日　第一刷発行

著　者　姫野桂（ひめの・けい）
発行者　喜入冬子
発行所　株式会社　筑摩書房
東京都台東区蔵前二-五-三　郵便番号一一一-八七五五
電話番号〇三-五六八七-二六〇一（代表）
装幀者　間村俊一
印刷・製本　三松堂印刷　株式会社

ISBN978-4-480-07582-6 C0295

1717
マイノリティ・マーケティング
――少数者が社会を変える
伊藤芳浩
マーケティングは、マイノリティが社会を変える武器になる。東京オリパラ開閉会式放送への手話通訳導入などに尽力したNPO法人代表が教えるとっておきの方法。

1718
金正恩の核兵器
――北朝鮮のミサイル戦略と日本
井上智太郎
金正恩の核兵器をいかに封じるか。ミサイル発射による挑発。背後に見え隠れする中国とロシア。カネと核技術の世界ネットワーク。北朝鮮の戦略を読み解く。

1719
心理学をつくった実験30
大芦治
パヴロフの犬、エビングハウスの忘却曲線から、ミルグラムの服従実験やマシュマロテストまで。30の名実験を紹介しつつ、心理学の流れを一望する画期的入門書！

1720
主権者を疑う
――統治の主役は誰なのか？
駒村圭吾
「最終的に決めるのは主権者たる国民の皆様です！」しかし主権とは何で、主権者とは誰なのか？ 恐怖と期待に満ちた〝取扱い注意〟の概念を掘り下げる禁断の書。

1721
紛争地の歩き方
――現場で考える和解への道
上杉勇司
カンボジアからシリア、ボスニアまで世界各地の紛争地で現地の平和に貢献する活動を行ってきた国際紛争研究者が、紛争の現場を訪ね、和解とは何かを問いなおす。

1722
K‐POP現代史
――韓国大衆音楽の誕生からBTSまで
山本浄邦
K‐POPの熱狂は、いかにして生まれたのか？ 日韓関係、民主化、経済危機、ヒップホップ、アイドル、ロック、演歌――国境もジャンルも越えた激動の一〇〇年史。

1723
健康寿命をのばす食べ物の科学
佐藤隆一郎
健康食品では病気は治せない？ 代謝のメカニズムから、丈夫な骨や筋肉のしくみ、本当に必要不可欠な栄養素まで。健康に長生きするために知っておきたい食の科学。

1724
英語脳スイッチ！
——見方が変わる・わかる英文法26講
時吉秀弥
英文法に現れる「世界や人間関係の捉え方」をスイッチすれば、英語の見方が変わる・考え方がわかる！「そうだったのか」が連続の、英語学習スタートの必携書。

1725
天武天皇
寺西貞弘
壬申の乱に勝利して皇位を奪取し、日本律令国家の基礎を築き、記紀編纂に着手した天武天皇。その生涯を解明し、皇親政治、律令制度導入の実態について考察する。

1726
自衛隊海外派遣
加藤博章
変容する国際情勢に対して日本は何ができ、何ができないのか？ ペルシャ湾、イラク戦争からウクライナ戦争に至るまで。自衛隊海外活動の全貌に迫る画期的通史。

1727
東京史
——七つのテーマで巨大都市を読み解く
源川真希
明治維新から今日までの約150年、破壊と再生を繰り返し発展してきた東京を様々な角度から見つめ、読み解き、その歴史を一望する。まったく新しい東京史。

1728
ＡＣＥ《エース》サバイバー
——子ども期の逆境に苦しむ人々
三谷はるよ
子ども期の逆境体験ＡＣＥは心と身体を蝕み、その後の人生の病気・低学歴・失業・貧困・孤立等様々な困難に結びつく。サバイバーが不利にならない社会を考える。

1729
人口減少時代の農業と食
窪田新之助
山口亮子
人口減少で日本の農業はどうなるか。農家はもちろん出荷や流通、販売や商品開発など危機と課題、また新たな潮流やアイデアを現場取材、農業のいまを報告する。

1730
Ｂ-29の昭和史
——爆撃機と空襲をめぐる日本の近現代
若林宣
Ｂ-29はいかにして、太平洋戦争そのものを象徴する存在になったのか。戦略爆撃機の開発から『火垂るの墓』まで、豊富な資料で読み解く縦横無尽のＢ-29史。

1731
ゴルフ白熱教室
本條強
ゴルフにただ一つの正解はない。あるのはあなたに合う方法だけ。この中には、何年たってもよくならないあなたのスコアをよくするヒントが必ずあります。

1732
写真が語る銃後の暮らし
太平洋戦争研究会
一九三一年から四五年を中心に世相、事件、生活を資料性の高い貴重な写真で振り返る。歓喜から絶望へと突き進んだ戦時下をしたたかに生き抜いた人々の日常。

1733
日本型開発協力
――途上国支援はなぜ必要なのか
松本勝男
緊迫する国際情勢において途上国支援の役割とは何か。欧米とも中国とも異なる日本独自の貢献のかたちを紹介しつつ、めざすべき開発協力のあり方を提示する。

1734
中世哲学入門
――存在の海をめぐる思想史
山内志朗
基本用語を解説しつつ、存在の問題からアヴィセンナの存在論、存在の一義性、個体化論、普遍論争へと、存在の海をめぐる思想史を丁寧に案内する決定版入門書。

1735
そのまま仕事で使える英語表現189
キャサリン・A・クラフト
里中哲彦編訳
その表現、実は失礼かも？　ビジネス英語は微妙な言葉選びが結果に大きく影響します。ただ伝わるだけでなく丁寧に伝えるための、そのまま使える必携フレーズ集。

1736
日本人が知らない戦争の話
――アジアが語る戦場の記憶
山下清海
かつて、私たちは何をしたのか。長年アジア各地で人びとの声に耳を傾けてきた地理学者が、日本人がけっして忘れてはいけない戦争の理不尽な現実を明らかにする。

1737
日本のビールは世界一うまい！
――酒場で語れる麦酒の話
永井隆
しのぎを削る商品開発、市場開拓、価格競争。生論争・ドライ戦争など、大ヒットの舞台裏。発祥から現在までの発展史を一望して見えた世界一のうまさの秘訣とは。

ちくま新書

1738
「東京文学散歩」を歩く
藤井淑禎
戦後、大ブームとなった文学散歩とその火付け役となった野田宇太郎『東京文学散歩』の足跡を求めて、現在の東京を訪ね歩き、新たな散歩の楽しみ方を提案する。

1739
ウクライナ動乱
――ソ連解体から露ウ戦争まで
松里公孝
ウクライナの現地調査に基づき、ロシアのクリミア併合、ドンバスの分離政権と戦争、ロシアの対ウクライナ開戦準備など、その知られざる実態を内側から徹底的に解明。

1740
資本主義は私たちをなぜ幸せにしないのか
ナンシー・フレイザー
江口泰子訳
資本主義は私たちの生存基盤を食い物にすることで肥大化する矛盾に満ちたシステムである。世界的政治学者がそのメカニズムを根源から批判する。（解説・白井聡）

1741
報道弾圧
――言論の自由に命を賭けた記者たち
東京新聞外報部
新型コロナ発生を指摘して拘束、軍事機密をスクープしたら国家反逆罪で逮捕、政権批判で暗殺、スパイ容疑で死刑。むき出しの報道弾圧と戦う記者たちを描く。

1742
創造性はどこからやってくるか
――天然表現の世界
郡司ペギオ幸夫
考えもしなかったアイデアを思いつく。急に何かが降りてくる――。そのとき人間の中で何が起こっているのか。まだ見ぬ世界の〈外部〉を召喚するためのレッスン。

1743
民間企業からの震災復興
――関東大震災を経済視点で読みなおす
木村昌人
関東大震災で壊滅した帝都。その時実業家・企業・財界・地方都市はどう動いたか。後の時代の帝国の経済地図を塗り替えた復興劇を、民間経済の視点で読みなおす。

1744
病が分断するアメリカ
――公衆衛生と「自由」のジレンマ
平体由美
なぜアメリカは、コロナ禍で世界最悪の死者数となったのか？　20世紀初頭以来の公衆衛生史を繙きつつ、収入・居住地域・人種などで分断された現状を探る。